Resolución
de conflictos en el aula

Juan Vaello Orts

Santillana

© De esta edición:
2003, Santillana Educación, S. L.
Torrelaguna, 60 - 28043 Madrid
Teléfono: 91 744 90 60

Edición no venal

Impreso en España

ISBN: 84-294-9136-8
Depósito legal: M-45.434-2003

Editora: Gema Cano Mesa

Diseño: Javier Tejeda
y Manuel del Toro

A María Antonia, Beatriz y Olga, por su apoyo.

A todos los profesores y profesoras que,
a pesar de las dificultades, se ilusionan y dignifican
con su trabajo cotidiano la profesión docente;
esperando que el libro les ayude en esta difícil
pero hermosa tarea.

ÍNDICE

Introducción 9

Algunas consideraciones iniciales 11

El clima de clase 17
- Establecer límites en las primeras semanas… y mantenerlos durante el curso 17
- Establecer normas efectivas de convivencia 18
- Entrenamiento en reciprocidad: el respeto mutuo 23
- Mantener una relación empática con los alumnos 24
- Conocer los roles de los alumnos 31
- Detectar subgrupos perturbadores y reconducir su actitud 36

La atención y el control del aula 39
- Estrategias para captar la atención 39
- Estrategias para mantener la atención 40

Estrategias instruccionales y control de la clase 53
- Crear expectativas: abrir puertas 53
- La motivación: hacer que quieran 57
- El autoconcepto 64
- Los compromisos: la fuerza de voluntad 66
- Estrategias punitivas 81

El clima del centro 87
- Tener claras las prioridades 87
- Anticiparse a los problemas: planificar la disciplina 91
- Establecer normas de centro eficaces 97
- Derivar problemas 99
- Prestar atención preferente a los momentos y espacios estratégicos 100
- Implicar a las familias 102

Dónde puedo conseguir más información 107

INTRODUCCIÓN

Los problemas de conducta y la desmotivación de los alumnos se han convertido en los principales obstáculos de la tarea docente, especialmente en los niveles obligatorios de enseñanza. Frente a lamentos inútiles, cabe la búsqueda de estrategias que permitan prevenir conflictos futuros y resolver eficazmente aquellos que ya se han presentado, considerando cada situación problemática como una ocasión para aprender a gestionar mejor la clase y como un ejercicio práctico en el que los alumnos aprendan a construir un clima de convivencia respetuoso y favorable al trabajo escolar. Dentro de esta perspectiva de ver el lado positivo y formativo de los conflictos, es necesario que el profesorado se dote de recursos que le permitan resolver las situaciones problemáticas cotidianas.

Éste es ***un libro de sugerencias;*** *no de soluciones mágicas, pero sí de propuestas, lo que supone un riesgo: que unas agraden a algunos profesores con un estilo docente determinado, mientras que a otros, sin embargo, les parezcan contraproducentes. No se pretende que las propuestas presentadas sean de validez universal, sino abrir un muestrario de estrategias donde cada profesor pueda encontrar alguna que le sirva para mejorar sus pautas de actuación, adaptándolas a su contexto particular.*

Tiene pues este trabajo una ***vocación*** *eminentemente* ***práctica:*** *más que dedicado a la descripción y análisis de los conflictos escolares (profusamente estudiados), se centra en la exposición de algunas estrategias que cumplan los siguientes requisitos:*

- Eficacia: *que eviten o resuelvan problemas.*
- Simplicidad: *que sean de fácil aplicación.*
- Variedad: *que haya opciones de recambio para cuando alguna estrategia no funcione, pues por útiles que sean, van perdiendo eficacia con su uso.*

El libro, tras unas reflexiones iniciales que enmarcan las propuestas reflejadas a continuación, desgrana una serie de estrategias para reducir la conflictividad escolar, organizadas en varios apartados:

- *El clima de la clase.*
- *La atención y el control de la clase.*
- *Estrategias instruccionales y el control de la clase.*
- *El clima del centro.*

ALGUNAS CONSIDERACIONES INICIALES

En primer lugar, y antes de abordar la problemática que nos ocupa, vamos a exponer unas orientaciones iniciales que, a modo de principios de intervención, deben guiar la aplicación de las estrategias propuestas para que sean eficaces:

Contemplar los conflictos como una ocasión de crecer y formarse. En los niveles obligatorios de enseñanza, las tareas escolares siempre provocarán lógicas resistencias en algunos alumnos con escasos intereses académicos. Como en cualquier actividad forzada, la colisión de intereses acaba por provocar conflictos: para los alumnos que no ven interés ni utilidad en las actividades escolares, la obligatoriedad de las mismas se les puede hacer insoportable. El esfuerzo del profesor por hacer atractiva y útil la materia puede maquillar el carácter obligatorio del trabajo escolar hasta convertirlo en algo deseable, pero, no obstante, es muy probable que siempre quede un reducto de problemas de conducta sin resolver mediante estas estrategias de tipo instruccional. Se hace por lo tanto necesario que el profesor se forme en la adquisición de estrategias para afrontar las diferentes situaciones conflictivas que le van a acompañar, en mayor o menor medida, durante toda su carrera docente. El conflicto puede ser una magnífica oportunidad para resolver de forma creativa y formativa un problema mediante el esfuerzo conjunto del profesor y los alumnos, pues la consecución de una solución satisfactoria genera efectos gratificantes para todos: mejora la satisfacción del profesor y ayuda al alumno a crecer en su desarrollo moral y personal.

Desnudar los problemas: la firmeza relajada. Los conflictos suelen ir acompañados de circunstancias que los agravan y que no son inherentes al propio conflicto, sino consecuencia de la forma de afrontarlo. El enfado explosivo del profesor, los gritos y acusaciones, la tensión o los comentarios sarcásticos son algunas de las vestimentas que suelen adornar las intervenciones disciplinarias y que los agravan innecesariamente, sin añadir nada positivo de cara a su resolución. Conviene pues desnudar el problema y despojarlo de todos los aditamentos emocionales que podamos para afrontarlo de la forma más relajada y despersonalizada posible, pues así se facilita una solución efectiva y satisfactoria para todos.

La firmeza no tiene por qué llevar aparejadas tensión y reacciones encolerizadas, que suelen reforzar las conductas que se quieren inhibir, produciendo resultados no deseados. Algunas medidas que pueden ayudar a desnudar los problemas son el uso de un tono de voz pausado y deliberadamente bajo o la adopción de una expresión relajada.

Respetarse mutuamente, mejor que mandar-obedecer. El respeto mutuo y la reciprocidad pueden ser un sustitutivo eficaz de la obediencia y el temor al castigo en las relaciones en la clase, ya que favorecen la madurez y la autonomía moral del alumno. Los jóvenes, en su desarrollo moral, han ido sustituyendo progresivamente un sistema de valores impuesto desde fuera por los adultos (padres, profesores) por otro cada vez más autónomo y diferenciado, por lo que cada vez les es más difícil seguir aceptando sumisamente las imposiciones provenientes de cualquier atisbo de autoridad. La forma de establecer normas y de mantener el control de la clase debe irse adaptando a las edades de sus alumnos: mientras que en edades tempranas se aceptan normas establecidas unilateralmente por el profesor, al acercarse el alumnado a la adolescencia, las relaciones entre el profesor y sus alumnos basadas en la desigualdad y las órdenes irán perdiendo eficacia, siendo cada vez más operativas aquellas intervenciones basadas en la reciprocidad, la responsabilidad y el consenso.

Adaptar las estrategias al contexto y al estilo docente propio. Las estrategias propuestas genéricamente sobre el tema en este libro deben ser adaptadas flexiblemente por cada profesor a las características del contexto en que se desenvuelve su trabajo. La misma estrategia que sirve a un profesor, a otro no le funcionará en absoluto; la misma medida que vale en unas circunstancias determinadas, en otras se muestra totalmente ineficaz; lo que era adecuado el curso pasado en un centro determinado, este año no lo es en la misma medida en otro lugar de trabajo. No se puede aplicar ninguna medida de forma mecánica, sino que deben ser un punto de partida para encuadrarlas de forma creativa dentro de la visión global que cada docente tiene acerca de cómo se debe enseñar.

Tratar bien los resfriados evita pulmonías. La mayoría de situaciones que perturban el adecuado desarrollo de las actividades en un aula o un centro escolar suelen ser de poca gravedad y alta frecuencia. Son las rutinas perturbadoras, ligadas por lo general a la desmotivación, el aburrimiento y la ausencia de éxitos académicos, con la búsqueda consiguiente de protagonismo mediante conductas inapropiadas. En un estudio realizado en varios centros de Secundaria, casi el 70% de las quejas de los profesores sobre el comportamiento de sus alumnos se referían a conductas tales como llegar tarde a clase, no sacar el material, molestar a los compañeros o desobedecer las indicaciones del profesor. Pertenecen a una categoría de conductas disruptivas, perturbadoras del clima de clase, pero no violentas ni atentatorias contra la integridad y la dignidad de los demás. Si se consigue reducir al mínimo este tipo de comportamientos, se reduce gran parte de la conflictividad, además de que indirectamente también acaban disminuyendo las conductas más graves.

Crear condiciones favorables a la convivencia. Los problemas de conducta pueden aparecer en cualquier momento, pero suelen hacerlo cuando las oportunidades son favorables. El objetivo al planificar la gestión de la convivencia, puesto que no se pueden impedir ni prever todos los conflictos posibles, debe ser crear condiciones que hagan más improbable su aparición, mediante la creación de un clima escolar positivo, tanto en el aula como en el centro.

Adoptar una perspectiva proactiva. Una *perspectiva proactiva* en la gestión de la convivencia es la que intenta resolver los conflictos futuros aprovechando los actuales («qué debo hacer para que no vuelva a ocurrir»), frente a una perspectiva reactiva, centrada en resolver los problemas pasados y saldar las cuentas («esto merece un escarmiento», «esto no puede quedar así»). La perspectiva proactiva convierte la resolución de un conflicto actual en prevención de un conflicto futuro (tabla 1). Por ejemplo, aplazar

Tabla 1. *Disciplina proactiva y reactiva.*

Disciplina proactiva	Disciplina reactiva
Actúa a priori, se anticipa a los problemas	Actúa a posteriori, sigue a los problemas
Intenta resolver el futuro	Intenta resolver el pasado
Considera el orden como un medio para facilitar el aprendizaje	Considera el orden como un fin en sí mismo
Busca construir la convivencia	Busca ajustar cuentas, dejar saldos a cero
Ve los conflictos como una ocasión	Ve los conflictos como un problema
Ve los conflictos como algo natural y positivo	Ve los conflictos como algo extraordinario y negativo
«Esto merece ser analizado para que no vuelva a ocurrir»	«Esto merece un castigo»

una medida disciplinaria ligando su aplicación (o no aplicación) a un cambio en la conducta futura del alumno supone poner el acento en cambiar conductas futuras del alumno más que en castigar por los hechos pasados.

Tener en mente frases de afrontamiento de problemas tales como «qué puedo hacer para que no vuelva a suceder», «cómo aprovecho este problema para evitar otros en un futuro», pueden ayudar a resolver los conflictos proactivamente.

Actuar por principios. Con demasiada frecuencia, el profesor espera a que aparezca un problema de conducta para aplicar intuitiva e improvisadamente determinadas medidas. Este funcionamiento por ensayo y error provoca a menudo contradicciones que generan en el alumno desorientación, que puede ser evitada si se siguen de forma habitual unos principios de actuación coherentes que guíen todas nuestras intervenciones. La eficacia de la gestión de la convivencia depende no tanto de qué tipo de estrategias se utilizan, sino de los principios en que se sustentan, de modo que la eficacia de las estrategias no se resiente si se sustituyen unas estrategias por otras basadas en el mismo principio. Algunos principios a seguir, descritos más adelante, pueden ser el de economía, el de eficacia, el de división equitativa de la carga, etc.

Utilizar procedimientos lo más simples posible. En un aula confluyen infinidad de procesos simultáneos que no se pueden atender de forma precisa: motivar, controlar, exponer, ayudar, observar... Una dedicación excesiva a algunos de estos procesos va en detrimento de la atención que se debe prestar a otros procesos también importantes, por lo que se hace imprescindible buscar la máxima simplicidad, especialmente en los procedimientos disciplinarios, pues el uso de procedimientos complicados y engorrosos hace que vayan abandonándose paulatinamente por fatiga o ineficacia.

La simplicidad se concreta en:

- *Economía de papeles.* Cuantos menos, mejor. Lo que se pueda resolver sin papeles, mejor que con papeles, y si no hay más remedio que utilizarlos, reducirlos al mínimo: mejor un gesto que una palabra; mejor una frase corta que un «sermón» encolerizado.
- *Economía de personas y recursos.* Lo que pueda resolver un profesor, mejor que requerir la intervención de varios.
- *Economía de tiempo.* Lo que se pueda resolver mediante una intervención breve, mejor que con un proceso complicado y prolongado en el tiempo.

Dividir equitativamente el trabajo. La distribución de la carga de tareas por puesto en un centro educativo suele estar descompensada y mal distribuida. Mientras que en unos puestos la carga laboral es asumible, otros se suelen ver totalmente desbordados por la cantidad de tareas a desempeñar, algunas de las cuales se podrían redistribuir más equitativamente, ganando en eficacia.

Se debería planificar una distribución equilibrada de la carga total de tareas de un centro al diseñar los procedimientos disciplinarios, evitando aumentar la carga de aquellos puestos ya sobrecargados. Así, muchos procedimientos disciplinarios recurren innecesariamente a la presencia del tutor o del jefe de estudios en procesos que podrían ser igual de eficaces, o más, sin su presencia.

Cambiar rumbos, mejor que cambiar conductas. Por rumbo entendemos el camino que sigue una persona. En el sistema educativo, el rumbo de un alumno viene marcado por la trayectoria en que se enmarcan todas sus conductas.

Las conductas aisladas (salvo que sean muy ostentosas) no alteran significativamente el desarrollo de la clase. Son las conductas persistentes, que denotan una actitud perturbadora, las que realmente distorsionan el clima escolar. Cuando se actúa para cambiar una conducta, se resuelve un problema; cuando se consigue cambiar un rumbo negativo, se resuelven muchos. Conviene pues prestar atención prioritaria a las conductas perturbadoras persistentes enmarcadas en un rumbo determinado.

Averiguar las causas de las conductas. Las conductas disruptivas reflejan los intentos de cada sujeto por adaptarse al medio escolar, con los recursos de que dispone. Aunque en multitud de ocasiones se tengan que afrontar los conflictos buscando una solución de emergencia que resuelva el problema inmediato, no se debe perder de vista que dichos problemas no son sino síntomas de carencias más profundas que habrá que solventar si se quiere llegar al fondo de la cuestión. Sólo si se localizan las causas que provocan las conductas disruptivas y se resuelven las mismas, se conseguirán resultados duraderos y transferibles a otras conductas similares.

Usar las medidas punitivas como último recurso. Las medidas punitivas, por sus efectos secundarios negativos, deben ser el último recurso al que acudir. Siempre serán preferibles intervenciones encaminadas a «enganchar» al alumno en la dinámica de la clase, y sólo cuando las estrategias motivacionales e instruccionales no hayan dado resultado y la no intervención del profesor pueda generar males mayores, como el deterioro del clima de la clase o la interferencia en el trabajo de otros alumnos, se debería pasar al uso de medidas punitivas.

Despersonalizar los conflictos. Consiste en no implicarse personalmente y reducir los problemas al ámbito profesional. La mayoría de los conflictos en las aulas se derivan de un choque de roles: un profesor que obliga a realizar tareas y un alumno que se siente obligado y no acepta dicha imposición, rebelándose. No deberían ser por tanto conflictos personales, pero lo acaban pareciendo por las connotaciones que los acompañan: gritos, amenazas, enfados, crispación, etc. Si el profesor afronta los conflictos como algo personal (lo que es demasiado frecuente), entra en la dinámica preferida de los alumnos problemáticos, pues les permite establecer una pugna con la persona que les está obligando a hacer lo que no quieren hacer.

Para despersonalizar los conflictos se puede recurrir a:

- *Priorizar los derechos colectivos.* Confrontar los derechos que tiene el grupo a recibir la clase en condiciones con los del alumno problemático («tengo que garantizar que el resto de alumnos puedan trabajar sin ser molestados», «los padres de los otros alumnos se quejan de que sus hijos son molestados en su trabajo»).
- *Hacer referencia a las normas.* Referirse a la obligatoriedad de cumplimiento de las normas («tengo que hacer cumplir las normas para todos y tú no puedes ser una excepción», «las normas nos obligan a ti a… y a mí a…», «¿qué vas a hacer por evitar que esto se repita?»).
- *Establecer relaciones de reciprocidad.* Como se verá más adelante, la reciprocidad social consiste en exigir los derechos propios a cambio de respetar los ajenos («tengo derecho a dar la clase en condiciones y tú a recibirla en condiciones. Yo lo cumplo, ¿y tú?»).

Tener en cuenta las 3 «con» (conducta, consecuencias, contexto). Cualquier «conducta» persigue conseguir unas «consecuencias» gratificantes para el que la realiza, que se obtienen en un «contexto» determinado. Ello implica que se puede resolver un conflicto, bien intentando cambiar la conducta directamente, bien impidiendo que se obtengan las consecuencias perseguidas, bien actuando sobre el contexto.

EL CLIMA DE CLASE

Por clima de clase se entiende el conjunto de condiciones ambientales en que se enmarcan las actividades del aula. Las conductas problemáticas, aunque pueden aparecer en cualquier momento, suelen darse cuando las condiciones son propicias, y, por ello, es necesario crear un clima facilitador que haga más cómodo el trabajo escolar y más improbable la conflictividad. Entre las medidas que pueden contribuir a mejorar el clima de clase, podemos destacar las siguientes:

- Establecer límites en las primeras semanas de curso, y mantenerlos durante el curso.
- Disponer normas efectivas de convivencia que regulen los comportamientos más frecuentes e importantes.
- Mantener una relación de empatía y confianza con los alumnos.
- Entrenar a los alumnos en relaciones de reciprocidad, con especial incidencia en el respeto mutuo.
- Conocer los roles de los alumnos y propiciar que contribuyan a la convivencia y no la perturben.
- Detectar subgrupos perturbadores y reconducir su actitud.

ESTABLECER LÍMITES EN LAS PRIMERAS SEMANAS... Y MANTENERLOS DURANTE EL CURSO

Por *límites* en la clase se entiende una línea imaginaria que separa las conductas aceptables de las no aceptables. Varían según cada profesor y cada grupo, pues son una convención más o menos explícita entre ambos.

Se deben establecer de forma inequívoca en las primeras semanas del curso, pues si no los acaban imponiendo los líderes negativos de la clase. Los límites se asientan durante las primeras tres o cuatro semanas mediante un proceso implícito de *negociación de límites* que comprende dos vías de actuación: mientras el profesor intenta marcar límites estableciendo normas y aplicándolas, los alumnos problemáticos significativos ensayan conductas de tanteo e incumplimiento de normas, con el fin de desplazar los límites hacia sus preferencias y necesidades. Los resultados de dicha negociación implícita (más bien, forcejeo) determinan de forma bastante sólida los límites que van a imperar en la clase durante el curso.

Una vez establecidos en las primeras semanas, y a pesar de que a lo largo del curso tienden a deslizarse ligeramente hacia una mayor permisividad por efecto del relajamiento y el desgaste, suelen permanecer bastante estables a no ser que circunstancias extraordinarias los hagan fluctuar (la sustitución de un profesor, la incorporación de un alumno conflictivo...). Conviene que el profesor evite el *deslizamiento* de los límites y se esfuerce en mantenerlos lo más estables posible.

Los límites, por lo tanto, deben estar claros, especialmente en lo que se refiere a las *conductas significativas,* que son aquellas que por su frecuencia, intensidad o impacto sobre la clase afectan decisivamente al desarrollo del trabajo escolar. La nitidez de los límites supone evitar las ambigüedades e incoherencias que se producen cuando un profesor permite una determinada conducta en algunas ocasiones y la prohíbe en otras.

Los límites que establece cada profesor están en relación con su estilo de conducción de la clase. Podemos hablar de tres estilos fundamentales, que se corresponden con los tres tipos de clima correspondientes, tal como se puede observar en la tabla 2.

De los tres estilos descritos, el democrático-directivo es el que proporciona un clima de clase más relajado y cálido, garantizando al mismo tiempo una buena convivencia y un buen rendimiento académico.

ESTABLECER NORMAS EFECTIVAS DE CONVIVENCIA

Las normas son el principal instrumento que utiliza un profesor o un centro educativo para establecer los límites que consideran oportunos entre las conductas que van a ser permitidas y las que no. Con ellas se pretende crear unos cauces que permitan una convivencia respetuosa en la que se impongan los derechos colectivos sobre las actitudes egoístas e insolidarias, pero no basta que haya normas, sino que han de cumplir con el criterio de efectividad, es decir, han de evitar y resolver problemas.

En la clase podemos distinguir dos tipos de normas:

- *Explícitas.* Son las que están redactadas por escrito y supuestamente regulan la convivencia. Su efectividad depende, entre otros, de los siguientes requisitos:
  - Han de ser pocas. Deben regular sólo aquellos comportamientos que afectan significativamente a la convivencia, ya que un número excesivo de normas crearía un ambiente demasiado rígido.

Tabla 2. *Estilos docentes (Beltrán, 2000).*

Estilo autoritario	Estilo permisivo	Estilo democrático-directivo
Límites estrictos	Límites laxos	Límites razonables
Preocupación excesiva por el orden	Incapacidad para mantener el orden o desinterés por el mismo	El orden está al servicio del aprendizaje
Intenta regular todas las conductas	Apenas si se regulan conductas	Se regulan sólo las conductas significativas
Impone las normas sin consultar a los alumnos	Los límites son impuestos por los alumnos problemáticos	Los límites son consensuados con los alumnos
Basa la relación profesor-alumno en la obediencia y el temor al castigo	Las relaciones se basan en el «coleguismo» y el «pandillismo»	Relación basada en la reciprocidad, el respeto y la empatía
No hay una relación afectuosa ni empática entre el profesor y los alumnos	Las faltas de respeto al profesor y a los compañeros son frecuentes	Hay un clima afectuoso y de respeto mutuo
El cumplimiento exhaustivo de las normas se convierte en prioritario, aun a costa del aprendizaje de los alumnos	Las normas se incumplen habitualmente o no existen	Las normas se cumplen sistemáticamente, y su cumplimiento está al servicio del aprendizaje de los alumnos

- Han de estar claras. No deben dejar lugar a dudas sobre lo que pretenden.
- Deben estar formuladas en positivo. Mejor indicar lo que se debe hacer que prohibir lo que no se debe hacer.
- Tienen que ser cumplidas. Cualquier norma que se establezca tiene que seguirse a toda costa, ya que si una norma explícita se incumple sistemáticamente, se convierte en otra de signo contrario. Así, si una norma dice «hay que ser puntual» y se consiente la impuntualidad habitualmente, los alumnos acaban entendiendo que la norma dice «se puede llegar tarde». Es preferible suprimir las normas que no se puedan hacer cumplir antes que admitir el incumplimiento habitual de las mismas.

- Flexibles. Deben modificarse cuando no cumplan la función para la que se han formulado.

• *Implícitas.* Son las normas que, sin estar formalmente redactadas, rigen realmente el funcionamiento de la clase mediante la rutina, la costumbre y las conductas de tanteo de algunos alumnos. Con cada profesor se establecen unos hábitos de funcionamiento que acaban convirtiéndose en reglas presuntamente convenidas y aceptadas, y que acaban por conformar un clima determinado en la clase.

La contradicción entre normas explícitas e implícitas se resuelve siempre a favor de las implícitas. Así, cuando una norma explícita dice que todos han de estar en clase con el material de trabajo, y alguien no lo tiene, y no se deriva ninguna consecuencia que repare la infracción de la norma, ésta acaba por convertirse en otra norma contraria que autoriza a estar en clase sin el material.

De esta hegemonía de las normas implícitas sobre las explícitas, podemos extraer las siguientes conclusiones:

• Cuando se detecta que una norma implícita está perturbando significativamente el desarrollo de la clase, conviene reconvertirla en una norma explícita de carácter positivo y hacerla cumplir sistemáticamente.
• No se debe fijar ninguna norma que no se esté en condiciones de hacer cumplir.

La fijación de normas provoca resistencias y lleva a algunos alumnos a realizar *incumplimientos de tanteo,* que buscan probar la reacción del profesor y averiguar si el cumplimiento de la norma va a ser obligatorio o no. El profesor debe mantenerse firme ante dichos tanteos, pues forman parte de la negociación de límites, y suelen extinguirse cuando el alumno comprueba que el profesor está decidido a hacer cumplir la norma.

La efectividad de las normas depende en gran medida de las *consecuencias de su incumplimiento* (y si no…) *y de su cumplimiento* (y si sí…). Si del incumplimiento de una norma no se deriva sistemáticamente una consecuencia disuasoria, la norma perderá su eficacia y acabará por incumplirse. De la misma manera, conviene aplicar de vez en cuando consecuencias positivas tras el cumplimiento de una norma para consolidarla. Enseñar a los alumnos a asumir las consecuencias de sus actos en vez de hacerles dependientes de premios y castigos, supone educarlos en la responsabilidad, ayudándoles a ser más maduros y autónomos.

A título de ejemplo, se proponen unas normas básicas que pueden servir para regular la práctica totalidad de las situaciones habituales en la clase y cuyo cumplimiento podría bastar para conseguir un buen clima en el aula:

1. El alumno ha de asistir a clase puntualmente, con el material, y trabajar sin molestar a los demás.
   Consecuencias del incumplimiento: ...
   Consecuencias del incumplimiento reiterado: ...
2. Respeta (a las personas y a las cosas) para que te respeten (a ti y a tus cosas).
   Consecuencias del incumplimiento: ...
   Consecuencias del incumplimiento reiterado: ...
3. El profesor ha de atender a todos los alumnos y ocuparse de que aprendan, adaptando su enseñanza a las capacidades e intereses de todos y cada uno.
   Consecuencias del incumplimiento: ...
   Consecuencias del incumplimiento reiterado: ...

Técnica del caso: la elaboración progresiva de las normas de clase

La *técnica del caso,* muy utilizada en estudios empresariales, consiste en analizar las situaciones teóricas en Economía a partir de casos prácticos. En el mundo escolar se puede aplicar a la hora de establecer las normas de clase, las cuales se pueden ir fijando a medida que se vayan presentando los problemas. Presenta la ventaja de que empieza por establecer prioritariamente las normas que regulan las situaciones más frecuentes y significativas. El sistema tradicional de tener todas las normas de clase establecidas desde el primer día tiene el inconveniente de dar el mismo tratamiento a las normas que regulan problemas que probablemente no se den en todo el curso que a las que regulan rutinas de aparición casi diaria. Además, los reglamentos ya prefijados de antemano, al estar fuera del contexto práctico, aparentan menor credibilidad, pues surgen como un reglamento teórico de dudosa aplicación futura y de fácil olvido (tabla 3, p. 22).

Mediante la *técnica del caso,* se aprovecha la segunda o tercera ocasión en que aparece una rutina perturbadora para establecer una norma que la regule y decidir las consecuencias de su incumplimiento. No es conveniente, sin embargo, que el profesor improvise medidas sobre la marcha, sino que se trata de que, teniendo previstas con antelación algu-

Tabla 3. *Comparación entre el reglamento de clase y las normas de elaboración progresiva.*

Reglamento tradicional	Normas de elaboración progresiva
Se fijan muchas normas, algunas innecesarias	Se fijan sólo las normas necesarias
Todas las normas aparecen con igual importancia	Quedan resaltadas las normas más relevantes
Todas las normas se establecen al mismo tiempo	Se establecen antes las normas más urgentes
Se presentan fuera de contexto, de forma teórica	Se presentan de forma práctica y actual
No se tienen en cuenta las circunstancias que rodean a cada situación	Se contemplan todas las circunstancias que acompañan a las situaciones
El alumno las suele ver como algo externo y teórico	El alumno las vive como algo propio y práctico
No se aprovecha la posibilidad de usar la elaboración de normas como un contenido actitudinal	Ayuda a los alumnos a crecer en su desarrollo moral, a tomar decisiones, a asumir responsabilidades

nas normas básicas, las vaya poniendo encima de la mesa cuando aparezcan los casos regulados por ellas, y las fije de forma consensuada con sus alumnos.

Un modo de establecer normas de forma progresiva es el siguiente:

1. El profesor explica las razones por las que es necesario establecer normas para las rutinas negativas:

   «Es probable que este problema se vuelva a presentar a menudo durante el curso, por lo que hay que encontrar una solución, aceptada por todos, para evitar que vuelva a ocurrir.»
2. Se establece una norma que regule la rutina negativa por consenso, tras un debate abierto del grupo con el profesor, o mediante una propuesta del profesor con consulta al grupo.
3. Mediante una lluvia de ideas, se acuerda una consecuencia del incumplimiento de la norma, así como de su reiteración. Se anota en la pizarra la norma aprobada, y cada alumno va proponiendo una consecuencia del incumplimiento. Finalmente, se selecciona la que se considera más adecuada.

Norma	Consecuencia del incumplimiento	Consecuencia del incumplimiento reiterado

4. Cuando vuelve a aparecer la rutina perturbadora, se aplica automáticamente la consecuencia establecida, sin explicaciones innecesarias, mediante algún gesto que indique al alumno que tiene que asumir la consecuencia decidida de antemano.

ENTRENAMIENTO EN RECIPROCIDAD: EL RESPETO MUTUO

La reciprocidad consiste en dar y recibir lo que se da. Se apoya en el principio que considera a todas las personas como seres iguales con los mismos derechos y obligaciones. Las relaciones profesor-alumno pueden estar reguladas en gran medida por este principio pues, excluyendo el papel conductor de la clase que tiene encomendado el profesor, gran parte de las interacciones sociales profesor-alumno son intercambios entre personas que tienen derechos y deberes similares. Ambos tienen derecho a la dignidad y al respeto por parte de los demás, y tienen el deber de respetar y de asumir la responsabilidad de sus actos.

Las relaciones de reciprocidad son una alternativa a las relaciones profesor-alumno basadas en la desigualdad, la obediencia y el temor al castigo. La petición de reciprocidad al alumno lo hace más autónomo moralmente y favorece su desarrollo personal, educándolo en la responsabilidad.

Dentro de las relaciones de reciprocidad, el respeto mutuo es la dimensión fundamental para construir una relación de convivencia positiva y democrática. Que el profesor respete al alumno en sus facetas personal y académica, al tiempo que exige respeto a los derechos propios y a los de los demás alumnos, favorece relaciones sociales responsables. Fernández (1998) resume en una frase la filosofía de la reciprocidad:

«No hagas conmigo lo que no desees que yo haga contigo.»

De esta idea central se pueden desgranar otras alusivas a cada situación concreta:

«No me hables como no quieres que yo te hable.»
«No me trates como no quieres que yo te trate.»
«Sé correcto conmigo y yo lo seré contigo.»
«Respétame si quieres que yo te respete.»
«Atiéndeme si quieres que yo te atienda.»

Pero la reciprocidad y el respeto mutuo no aparecen espontáneamente, sino que deben ser aprendidos y practicados diariamente hasta acabar convirtiéndose en un estilo de actuación en las relaciones interpersonales profesor-alumno y alumno-alumno. Es de utilidad para establecer relaciones de reciprocidad hacer esporádicamente a los alumnos que muestran actitudes irrespetuosas con el profesor (o con sus compañeros) preguntas como las siguientes:

- «¿Cómo quieres que te trate?»
- «¿Cómo crees que me estás tratando?»
- «¿Sabes cómo me gustaría que me tratases?»
- «¿Me estás respetando como yo a ti?»
- «¿Te estoy faltando al respeto? Entonces, ¿por qué tú me faltas a mí?»

MANTENER UNA RELACIÓN EMPÁTICA CON LOS ALUMNOS

Por empatía se entiende la conexión afectiva entre alumnos y profesor, que redunda en una mayor satisfacción en la clase y da al profesor capacidad de influencia sobre sus alumnos. Supone ponerse en el lugar del otro y percatarse de los sentimientos que está experimentando. Los alumnos problemáticos suelen moderar sus conductas inapropiadas con profesores que «les caen bien» y, sin embargo, acentúan su conflictividad con otros profesores que «les caen mal». Por este y por otros motivos es aconsejable una atención especial a la relación con los alumnos, para lo cual conviene:

Adoptar una actitud positiva, de ayuda

Al mostrar su accesibilidad y la disposición a ayudar al alumno, se facilita una comunicación fluida apoyada tanto en la irradiación afectiva (capacidad de transmitir buenas sensaciones) como en la sensibilidad afectiva (capacidad de captar y comprender los estados emocionales del otro).

Conocer a los alumnos, intentar comprenderlos

Saber cómo son, conocer las circunstancias que acompañan a cada alumno, tanto en su aspecto personal como académico o familiar, puede servir de gran ayuda para comprender muchas de las conductas problemáticas que nos encontramos en el aula y poder influir sobre ellas. El alumno es una persona que accidentalmente debe asumir ese rol, pero, sólo si lo académico le sirve para cumplir sus metas personales, aceptará las conductas ligadas a dicho rol, y, en caso contrario, buscará roles alternativos que le proporcionen mayor satisfacción.

El conocimiento del alumno permite saber cuánto se le puede exigir, cómo se le debe tratar o cuál es la mejor manera de influirle para cambiar su trayectoria, si fuera necesario. Entre los procedimientos sencillos a los que se puede recurrir, al margen de los abundantes cuestionarios de conocimiento personal existentes, se pueden utilizar los siguientes:

- *Propiciar conversaciones informales* en «momentos muertos» de la clase en las que los alumnos puedan expresarse con total espontaneidad. Estos momentos muertos, si no aparecen espontáneamente, conviene provocarlos de vez en cuando para que durante un rato desaparezcan los roles de profesor y alumno, y se produzca un encuentro de las personas, sin una tarea por medio.
- *Intercambiar información con otros profesores* que tengan carisma y capacidad de conducción de la clase sobre las características personales de los alumnos y el modo más adecuado de tratarlos.
- *Saber qué se les da bien, qué les gusta,* pues conocer sus aptitudes y aficiones permite verlos «de cerca» y descubrir facetas insospechadas que facilitan la comprensión de muchas conductas aparentemente «perversas» e incomprensibles, así como su inclusión en las dinámicas de clase, propiciando que puedan hablar de ellas, siempre que el desarrollo de la clase lo permita.

Saber cómo nos ven

Conocer qué imagen tienen los alumnos del profesor permite detectar los rasgos menos aceptados y cambiarlos si se considera oportuno, lo que ayuda a mejorar el ambiente de clase de forma notable. Algunos recursos para averiguar qué imagen tienen los alumnos del profesor son:

Tabla de perfil personal (tabla 4, p. 26), que contiene una serie de rasgos bipolares característicos de la personalidad del profesor. Los alumnos anotan una cruz en la casilla que consideran que define mejor a su profesor en cada rasgo. Así, en la fila correspondiente a riguroso-blando, las cinco casillas existentes entre ellos corresponderían a los siguientes valores:

	+2	+1	0	–1	–2	
Riguroso	Muy riguroso	Riguroso	Neutro	Blando	Muy blando	**Blando**

Tabla 4. *Perfil personal del profesor según sus alumnos.*

PERFIL PERSONAL DEL PROFESOR (SEGÚN SUS ALUMNOS)						
Pon una cruz en la casilla donde situarías a tu profesor/profesora en cada cualidad						
	+2	**+1**	**0**	**–1**	**–2**	
Riguroso						Blando
Justo						Injusto
Atento con los alumnos						Distante
Afectuoso						Frío
Ordenado						Desordenado
Ameno						Aburrido
Alegre						Serio
Seguro						Inseguro
Preparado						No preparado
Relajado						Tenso
Puntual						Impuntual
Cumplidor						Incumplidor
Tradicional						Innovador
Positivo						Negativo
Respetuoso						Irrespetuoso
Disponible						Inaccesible
Entusiasta						Desencantado
Metódico						Improvisador
Experto						Inexperto
Técnico						Intuitivo
Conciliador						Provocador
Idealista						Realista

El perfil personal se obtiene uniendo con una línea las casillas más marcadas en cada fila. La información obtenida puede ser tenida en cuenta para:

- *Intentar cambiar algunos rasgos valorados de manera negativa.* El cambio en algunos rasgos personales negativos y la disposición del profesor para reconocer errores y adoptar una actitud flexible y humilde predispone a los alumnos a cambiar a su vez las conductas que disgustan al profesor.
- *Pactar cambios entre el profesor y los alumnos.* El profesor puede ofrecer modificar algún rasgo personal propio a cambio de que los alumnos varíen algún aspecto de su comportamiento que desagrade a aquél.
- *Reflexionar sobre el estilo comunicativo propio.* La tabla permite conocer el estilo comunicativo habitual del profesor en los intercambios con los alumnos: autoritario, amistoso, directivo, igualitario, protocolario, sarcástico, sobreprotector... Se puede intentar cambiarlo si no es satisfactorio y supone una barrera para la consecución de una relación de empatía con el grupo.

Cuestionario 3 × 3 (tabla 5), en el que los alumnos señalan tres características que les agradan de su profesor, tres que no les agradan y tres propuestas de cambio.

Tabla 5. *Cuestionario 3 × 3 del perfil del profesor.*

Tres aspectos que te gustan del profesor	Tres aspectos que no te gustan	Tres propuestas de cambio

Profesor por un día

En la línea de conseguir una relación de empatía con los alumnos, y dado que ésta consiste fundamentalmente en sentir lo que siente el otro, conviene que algunos alumnos «experimenten» qué siente el profesor, cómo se perciben las situaciones desde la perspectiva de la persona que tiene la responsabilidad de conducir la clase. Para ello se puede recurrir a esta estrategia consistente en encomendar a algún alumno problemático que se encargue por un día de mantener el orden en la clase. El alumno asume la responsabilidad de controlar el trabajo de sus compañeros y garantizar que los que quieren trabajar lo puedan hacer sin interferencias por parte de los demás.

De esta forma pueden percibir las incomodidades y tensiones añadidas que generan las actitudes negativas de algunos alumnos.

La tutoría

Si hay un espacio especialmente diseñado para incidir en la profundización de la empatía entre profesor y alumnos, éste es el tiempo dedicado a la tutoría. Tiene como finalidad primordial prevenir y resolver los problemas que puedan afectar al rendimiento y al desarrollo personal del alumno, por lo que se le debe prestar una atención preferente.

Algunas estrategias tendentes a optimizar la eficacia de las tutorías, además de las utilizadas habitualmente, son:

Tutoría individual

En la tutoría individual tienen cabida aquellas actuaciones del tutor que no se pueden abordar en las actividades de tutoría grupal, por necesitar una relación más estrecha. La cercanía e intimidad que da la entrevista individual es necesaria para complementar las tareas que se acometen de forma colectiva en las horas de tutoría grupal.

La tutoría individual se desarrolla a través de entrevistas periódicas, en las cuales se intercambia información, se profundiza en el conocimiento mutuo, se procura la consecución de un cierto grado de confianza, que incrementarán la capacidad de influencia del tutor sobre el alumno y disminuirá la probabilidad de aparición de conductas problemáticas, además de ser una buena ocasión para que el alumno se abra y comente las dificultades que encuentra para adaptarse a la vida escolar.

El tutor puede intervenir por iniciativa propia o a partir de la demanda de profesores del grupo, padres o bien del mismo alumno. El momento adecuado puede ser la hora de tutoría individual que los tutores de Secundaria tienen asignada, aunque es preferible que se lleve a cabo en una hora diferente cada semana, para evitar que el alumno tenga que ausentarse siempre de las mismas clases. El lugar de encuentro debe ser un sitio discreto, a salvo de interrupciones y molestias.

Algunos aspectos a tener en cuenta en las entrevistas son:

- *Modalidad.* La entrevista debe ser preferentemente individual, aunque se puede recurrir en algún caso que lo requiera a la citación de un pequeño grupo, que no debe exceder de 3-4 personas a la vez.
- *Clima distendido.* Conviene crear un clima distendido en los primeros momentos, que dé sosiego y confianza al alumno, y evite que actúe a la defensiva.
- *Brevedad.* Ha de ser breve y centrada en conductas observables frente a lo subjetivo y los detalles irrelevantes.
- *Empatía.* El tutor se ha de poner en la situación del alumno, comprender sus problemas y pedirle soluciones, pero sin asumir sus responsabilidades ni las consecuencias de sus acciones. La solución a un problema siempre depende del alumno.
- *Escucha activa.* El profesor ha de hablar, pero, sobre todo, escuchar al alumno de forma activa, interesándose por conocer sus intereses y proyectos.
- *Acuerdos.* Se deben buscar compromisos concretos y hacer un seguimiento de los mismos hasta que se consoliden las conductas deseadas (al día siguiente, a los tres días, a la semana).
- *Buscar soluciones.* Tener claro que el objetivo es encontrar soluciones, para lo que hay que adoptar un enfoque positivo, evitando caer en una cadena de recriminaciones: hay que centrarse en el futuro y no intentar resolver el pasado.
- *Entrevistas preventivas.* A comienzo de curso conviene mantener entrevistas con los alumnos que previsiblemente pueden presentar problemas durante éste: repetidores, alumnos con necesidades educativas especiales..., con el doble objetivo de motivarlos y abrirles expectativas de éxito, además de anticipar posibles problemas futuros.
- *Reconocer, agradecer.* Si el tutor percibe que el alumno intenta sinceramente cambiar, debe reconocérselo aunque los resultados no sean los esperados. Se deben reforzar el esfuerzo y la fuerza de voluntad, remarcando la importancia de la persistencia y la constancia a la hora de conseguir metas («el que resiste, gana»).
- Conviene evitar (Viñas, 1998):
  - Expresiones que denoten imposibilidad de cambio como «siempre», «jamás»...
  - Expresiones más centradas en los sentimientos del profesor que en la conducta del alumno: «estoy harto de...», «no soporto...».

- Expresiones que persigan reforzar la posición propia y debilitar la contraria («ya te lo decía yo...», «¿ves como tengo razón?»).
- Demandas exageradas o inalcanzables. Es preferible utilizar el moldeado o aproximaciones sucesivas a la meta deseada, antes que pedir «milagros» condenados al fracaso.

Apadrinamiento (tutoría en exclusiva)

Un profesor se encarga de tutelar individualmente a un alumno (y sólo a uno) especialmente problemático. Esta estrategia se basa en la influencia positiva que puede ejercer en el alumno la percepción de tener un profesor apreciado por él dispuesto a ayudarle y escucharle.

Esta tutoría debe cumplir algunos requisitos:

- *Exclusividad.* Un profesor se ocupa de un alumno y sólo de uno.
- *Excepcionalidad.* Sólo se debe aplicar en casos especiales, limitándose a unos pocos alumnos considerados estratégicos («alumnos imposibles») por la gravedad de sus conductas o por la capacidad de influencia negativa sobre otros compañeros.
- *Informalidad.* La tutoría se realiza de manera informal, mediante conversaciones esporádicas sobre temas no académicos.
- *Carisma, ascendencia.* Los profesores deben tener capacidad de comunicación, carisma y, sobre todo, ascendencia sobre el alumno.

El apadrinamiento se puede aplicar del modo siguiente:

1. El profesor establece contacto individual con el alumno, abordando cuestiones personales, familiares y de relación social. Este contacto debe perseguir la consecución de una relación empática profesor-alumno que traspase lo académico y profundice en el conocimiento del alumno y en la confianza mutua.
2. Una vez conseguido un cierto nivel de empatía, el profesor se ofrece a mediar para ayudar a solucionar los problemas de conducta/rendimiento que tenga el alumno. El ofrecimiento de mediación se hace a cambio de un compromiso por parte del alumno («si doy la cara por ti, ¿me vas a responder?», «¿te comprometes a...?»).
3. El profesor hace un seguimiento regular del rendimiento y la conducta del alumno, comprobando si hay una mejora efectiva. Si hay mejoras, se refuerzan y si no las hay, se le recuerdan los compromisos incumplidos y se le piden responsabilidades.

Tutores flotantes

Hay ocasiones en que las tutorías habituales no son efectivas debido a problemas de relación entre el tutor y los alumnos, o bien a la imposibilidad material de prestar una atención individualizada a cada uno de los alumnos. Para paliar estas dificultades cabe la posibilidad de designar a algunos profesores como tutores, pero sin asignarles ningún grupo específico. Estos tutores se encargarán personalmente a lo largo del curso de algunos alumnos que presenten una problemática especial en los diferentes grupos («tutores flotantes»). Los tutores flotantes deben ser profesores con carisma y ascendencia sobre los alumnos, y deben ocuparse de no más de tres o cuatro alumnos a la vez, asignados entre aquellos que presentan una problemática particularmente grave. La tutoría puede prolongarse todo el curso o abarcar un período de tiempo determinado si los alumnos tutelados van evolucionando positivamente y dejan de necesitar el apoyo personalizado que les brinda este tutor. La atención a los alumnos tutorizados se efectúa mediante entrevistas personales, a diferentes horas cada semana, para evitar que pierdan siempre las mismas clases.

La eficacia depende fundamentalmente de los siguientes factores:

- El establecimiento de una relación de empatía y confianza entre el tutor y el alumno.
- La influencia positiva que un seguimiento personalizado y regular puede ejercer sobre el alumno y sus hábitos de conducta y trabajo.
- El establecimiento de pactos (más o menos explícitos) entre el tutor y el alumno que contemplen la mejora de la conducta y el rendimiento escolar.
- La información rápida a los demás profesores del proceso de mejora en que está inmerso el alumno y la colaboración por parte del profesorado mediante ayudas y refuerzos sociales.

CONOCER LOS ROLES DE LOS ALUMNOS

El aula es un escenario donde cada miembro de la clase busca un papel a su medida. Cada alumno se comporta en clase interpretando un papel que le permita autorrealizarse de forma satisfactoria. Los alumnos que mediante roles académicos no consiguen satisfacciones tienden a desempeñar roles alternativos, que a menudo interfieren el desarrollo de la clase.

Conocer los roles que suele desempeñar habitualmente cada alumno ayuda a comprender muchas conductas inapropiadas y facilita la mejora del clima de clase.

Un instrumento interesante para detectar los roles de los alumnos en clase es la *tabla de observación de roles* basada en la taxonomía de Bales. Cada rol viene definido por tres rasgos bipolares (tabla 6), y en cada rasgo puede adoptar el valor de uno de los dos polos posibles o tener un valor neutral.

Tabla 6. *Rasgos definidores de los roles según Bales.*

Poder	
Ascendente (A) Alumno que manda, arrastra a los demás, dirige, decide por los demás	*Descendente (D)* Se deja llevar, obedece, deciden por él, es dirigido por otros
Aceptación	
Positivo (P) Es aceptado por los demás, lo buscan, quieren estar con él	*Negativo (N)* Es rechazado por los demás, lo ignoran, quieren estar lejos de él
Contribución al trabajo	
Cooperador (C) Contribuye al trabajo, colabora, anima, mueve a la acción	*Reacio (R)* Entorpece el trabajo, no colabora, desanima, huye del trabajo

Como ejemplo, se puede ver que en el factor *ascendencia-descendencia,* el alumno puede estar catalogado como *ascendente* (en cuyo caso le corresponderá una A en la combinación), como *descendente* (en cuyo caso le corresponderá una D) o en un término medio (en cuyo caso no le corresponderá letra alguna en ese factor de la combinación). Así, el rol MANDÓN viene descrito como ANC, que corresponde a un alumno *ascendente, negativo y cooperador.* Sin embargo, el rol DOMINANTE se describe como A, correspondiente a un alumno *ascendente,* pero que no es positivo ni negativo, y que tampoco es cooperador ni reacio.

En la tabla 7 se puede ver una descripción de los diferentes roles que surgen por combinación de los tres rasgos que considera Bales como determinantes de los roles. La tabla permite una doble descripción de cada rol: por un lado, aparece una frase descriptora muy escueta de cada rol, y por otro, aparece la combinación de letras que define cada rol a partir de los rasgos que lo caracterizan. Combinando los tres factores aparecen los roles siguientes:

Tabla 7. *Taxonomía de roles de alumnos (adaptación de Bales).*

DESCRIPCIÓN DE LOS ROLES EN LA CLASE		
Combinación	**Rol**	**Descripción**
ANC	Mandón	Afirma su autoridad desprestigiando a los demás
ACO	Organizador	Sugiere cosas, actividades
APC	Líder de equipo	Conduce a los demás, seguro de sí mismo
AN	Matón	Amenaza al grupo o al profesor, agrede
A	Dominante	Le gusta mandar
AR	Líder social	Mueve al grupo, promueve iniciativas
ANR	Desafiante	Desaprueba acciones o comentarios ajenos
AR	Comediante	Hace gracias continuamente, llama la atención
APR	Sociable	Abierto, cae bien, extravertido
NC	Pelota	Siempre detrás del profesor, provoca rechazo
C	Trabajador	Siempre trabajando, va a lo suyo
PC	Buen compañero	Se preocupa de los demás
N	Aislado	Solitario, rehúye el contacto
P	Amigo	Comparte intimidades, ayuda
NR	Pasota	Se desentiende de todo, al margen de problemas
R	Inconformista	Siempre está en desacuerdo
PR	Contemporizador	Lima asperezas
DNC	Mártir	Carga con las culpas de los demás
DC	Sumiso	Se deja llevar, sigue la corriente
DPC	Comparsa	No pinta nada en el grupo
DN	Solitario	No hace migas con nadie, se aísla
D	Callado	No manifiesta sus opiniones
DP	Mascota	Popular, cae bien, representativo del grupo
DNR	Alienado	Busca simpatías subestimándose
DR	Distante	No intima, se relaciona lo imprescindible
DPR	Muñeco	No tiene criterio propio

La distribución de los roles se refleja en la tabla 8, donde quedan anotados los roles correspondientes a cada alumno. Para ello, una vez identificado el rol o roles que mejor describen a cada alumno, se anota su nombre en la fila correspondiente. No conviene empezar la anotación hasta que haya transcurrido el tiempo necesario para conocer suficientemente a los alumnos, por lo que el análisis de roles se debe hacer paulatinamente, sin obsesionarse por rellenar toda la hoja en pocos días, ni por tener a todos los alumnos catalogados necesariamente y de forma forzada.

A partir de los datos recogidos en ella, se pueden llevar a cabo dos tipos de análisis:

- *Grupal:* permite ver qué estructura tiene la clase (cuántos líderes hay y quiénes son, qué alumnos tienen ascendencia sobre otros, parejas idóneas para el trabajo, grupos positivos y negativos...).
- *Individual:* muestra los roles que desempeña cada alumno en la clase para poder intervenir sobre ellos, reconduciendo los que sean perturbadores de la clase o potenciando los que ayuden a mantener una convivencia positiva.

La información obtenida puede ser muy útil para, por ejemplo:

- Tener en cuenta los roles a la hora de formar parejas de trabajo tutelado, donde convendrá que el alumno tutor (que ayuda a su compañero en las tareas) sea *ascendente, positivo y colaborador,* a ser posible, y que al menos tenga una de las tres variables mencionadas.
- Contemplarla al conformar grupos de trabajo, pues los roles de sus componentes determinarán en gran medida su dinámica de acción. Así, un grupo integrado totalmente por alumnos descendentes será probablemente un grupo apático («¿qué tenemos que hacer?», «no se nos ocurre nada»), mientras que un grupo de ascendentes tendrá problemas en su dinámica porque todos querrán llevar la iniciativa.
- Utilizarla cuando se localicen subgrupos perturbadores para saber cómo actuar sobre ellos, pues su neutralización será más fácil si se tiene detectado quién es el líder o quiénes son los satélites que lo sustentan.

Tabla 8. *Tabla para la observación de roles en la clase.*

TABLA DE OBSERVACIÓN DE ROLES EN LA CLASE					
Rol	**Alumno**	**Alumno**	**Alumno**	**Alumno**	**Alumno**
Mandón					
Organizador					
Líder de equipo					
Matón					
Dominante					
Líder social					
Desafiante					
Comediante					
Sociable					
Pelota					
Trabajador					
Buen compañero					
Aislado					
Amigo					
Pasota					
Inconformista					
Contemporizador					
Mártir					
Sumiso					
Comparsa					
Solitario					
Inhibido					
Mascota					
Alienado					
Distante					
Muñeco					

DETECTAR SUBGRUPOS PERTURBADORES Y RECONDUCIR SU ACTITUD

En ocasiones, el mal ambiente en la clase está provocado por un reducido número de alumnos que integran un subgrupo altamente cohesionado y difícil de tratar por los mutuos apoyos que se intercambian. Los subgrupos están integrados por unos pocos alumnos que perciben las situaciones de forma similar y tienen valores, intereses y pautas de actuación semejantes. Se forman como consecuencia de la necesidad del adolescente de integrarse en grupos de iguales y ser aceptado por ellos.

Ejercen una fuerte influencia sobre la conducta de sus miembros porque, una vez integrado un alumno en un subgrupo, sus conductas más significativas se dirigen a los compañeros de dicho grupo, produciéndose un intercambio mutuo de refuerzos.

El conocimiento de la composición de los subgrupos y de los roles de sus componentes es condición necesaria para poder influir sobre ellos y contrarrestar las influencias nocivas sobre el resto de la clase.

Una vez conocida la composición de los subgrupos y de los roles que los mantienen cohesionados (tabla 9), para potenciar los subgrupos positivos y, especialmente, reconducir los subgrupos perturbadores, se pueden utilizar las siguientes estrategias:

- *Impedir su formación.* Cuando se detectan indicios de que un subgrupo negativo se está formando, interesa impedirlo separando a sus componentes o bien concediéndoles la posibilidad de permanecer juntos pero ligado a un compromiso de cambio en la conducta («si queréis permanecer juntos, tenéis que comprometeros a cambiar de actitud»).

Tabla 9. *Detección de subgrupos en la clase.*

Subgrupo 1		Subgrupo 2		Subgrupo 3		Subgrupo 4	
Miembros	**Rol**	**Miembros**	**Rol**	**Miembros**	**Rol**	**Miembros**	**Rol**

- *Anteponer los intereses colectivos de la clase a los del subgrupo negativo.* Conviene en ocasiones utilizar como argumento la actitud colectiva de la clase (si es positiva) de forma que se imponga a la de los subgrupos negativos («la mayoría de los alumnos quieren trabajar y tienen derecho a ello»).
- *Pactar con los líderes.* Se intenta llegar a compromisos con los líderes negativos («estrellas») para que ayuden a reconducir la actitud del grupo, si su grado de influencia sobre éste es grande.
- *Pactar con los satélites.* Cuando el líder del subgrupo perturbador es inasequible, se puede procurar pactar con los alumnos que lo apoyan («satélites»), con la finalidad de interrumpir el suministro de refuerzos al líder o «estrella».
- *Pedir soluciones al subgrupo.* Otra vía de acción es reunir al subgrupo y pedirle que aporte soluciones para reconducir su actitud, dejando claro que no puede continuar en la misma dinámica, por el perjuicio que causa a los demás compañeros. Las soluciones propuestas por el subgrupo deben incluir las consecuencias del incumplimiento de los acuerdos. Un ejemplo de este tipo de intervención podría ser:

Profesor: «Vuestra actitud está perjudicando el derecho de los demás a recibir la clase en condiciones (o el derecho del profesor a dar una clase en condiciones), y, por lo tanto, no podéis seguir así. ¿Qué solución proponéis? ¿Qué estáis dispuestos a hacer para que esto no continúe así?»

Alumnos: ____________________

____

____

____

____

____

Profesor: «¿Y si no lo cumplís?»

Alumnos: ____________________
(deben proponer alguna consecuencia para el posible incumplimiento).

Profesor: Si se cumple (y si sí) el compromiso, hay que reconocérselo y mostrar algún tipo de agradecimiento, preferiblemente usando el sentido del humor y comentarios distendidos. Si no se cumple (y si no), hay que aplicar automáticamente la consecuencia decidida o pactada con ellos.

LA ATENCIÓN Y EL CONTROL DEL AULA

Los procesos relacionados con la atención tienen una influencia considerable en el clima de clase, pues si se mejoran los índices de atención de los alumnos, disminuye significativamente la conflictividad. En el aula se dan tres tipos de corrientes o flujos atencionales: la atención de los alumnos al profesor (o a la tarea), la atención de los alumnos a estímulos distractores y la atención del profesor a los alumnos.

La atención del alumno al profesor o a la tarea debería ser *concentrada* (focalizada en un solo estímulo), mientras que la del profesor a los alumnos debería ser *distribuida* (repartida equitativamente entre todos los alumnos). Sin embargo, no es extraño ver justamente lo contrario: que el profesor concentre su atención en unos pocos alumnos de las primeras filas, mientras los alumnos dispersan su atención hacia diversos distractores.

Se hace imprescindible para el profesor conocer algunas estrategias que contribuyan a optimizar los procesos atencionales en la clase, algunas de las cuales aparecen a continuación agrupadas en dos apartados:

- Estrategias para captar la atención.
- Estrategias para mantener la atención.

ESTRATEGIAS PARA CAPTAR LA ATENCIÓN

Conseguir un clima de atención generalizado es una condición previa imprescindible para empezar cualquier actividad escolar. El inicio de la clase y los cambios de actividad son momentos estratégicos en los que la atención puede resultar difícil de conseguir, por lo que es necesario apoyarse en algunas estrategias como las siguientes:

- Habituar a los alumnos a un *inicio puntual y rápido* de la clase, sin ralentizar el comienzo con tareas que se puedan realizar posteriormente, como pasar lista o hacer comentarios sobre el examen próximo o trabajos a realizar.
- *Asegurar la atención de todos* los alumnos sin excepción, y no empezar hasta que ésta esté garantizada.
- *Advertir de forma individual* a los alumnos distraídos, llamándolos por su nombre, si no se ha conseguido un orden suficiente para

iniciar la clase, evitando en lo posible las advertencias generales, pues nadie suele darse por aludido.

- *Detectar y neutralizar el efecto de elementos distractores* que desvíen la atención de los alumnos perturbadores: ventanas, pasillos, pupitres colindantes...
- Empezar la clase con *actividades incompatibles con la distracción,* tales como:
  - Preguntas sobre lo tratado en la clase anterior.
  - Actividades prácticas de corta duración.
  - Problemas o interrogantes que provoquen la curiosidad y el interés.
- *Cuidar la ubicación* de los alumnos según su rendimiento y su nivel de distracción. Según Daum, los alumnos poco capacitados rinden mejor si están situados cerca del profesor, mientras que no hay diferencias en los alumnos de capacidad superior.
- *Cumplir y hacer cumplir sistemáticamente las normas* referentes a rutinas (puntualidad, sacar el material, atender…), especialmente en los inicios del curso, hasta que estén suficientemente consolidadas.
- *Alternar diferentes modalidades de presentación* de los contenidos (exposición oral, proyecciones de vídeo, transparencias, lectura, etc.).

ESTRATEGIAS PARA MANTENER LA ATENCIÓN

Si la captación de la atención resuelve problemas en momentos puntuales, el mantenimiento de la misma durante toda la clase cobra una importancia mucho mayor. La atención en la clase no puede mantenerse a igual altura durante todo el período lectivo, y hay que asumir como normales ciertos altibajos derivados de la fatiga o el aburrimiento de los alumnos. No obstante, estos altibajos se pueden atenuar centrando nuestra atención en algunos aspectos como:

- *Mejorar el nivel atencional de la clase.* Por nivel atencional se entiende el índice medio de atención que presta una clase a una tarea escolar. Vendría dado por el hipotético producto del número de alumnos que atienden por el tiempo de atención que prestan (N.º ALUMNOS × T ATENCIÓN). De acuerdo con esta idea, nos encontramos con actividades en las que se consigue un nivel de atención alto, medio o bajo, en función de una serie de factores, tales como el tipo de tarea, tipo de alumnado, metodología empleada por el profesor, ubicación horaria de la clase, etc.

El propósito de contemplar el concepto de *nivel atencional* no es tanto cuantificarlo, sino hacer una valoración de la capacidad de mantenimiento de la atención de las diferentes actividades y opciones metodológicas para decidir la frecuencia con que interesa usar cada una de ellas, siempre que el tratamiento de los contenidos lo permita. Además, este análisis puede servir de guía para hacer una planificación semanal de las actividades y ubicarlas de acuerdo con el nivel atencional de cada una. Así, por ejemplo, se podría situar una actividad de alto nivel atencional en un día en que la clase se imparta a última hora (en la que están más cansados), mientras que se ubica otra actividad de bajo nivel atencional el día en que la clase se imparte a primera hora. El nivel atencional varía en función del tipo de asignatura, profesor o grupo, pero también cambia según qué tipo de actividades se realicen. Conviene, pues, detectar en qué tipo de actividades se dan mayores niveles atencionales (tabla 10) y procurar aumentar la frecuencia de dichas actividades (siempre que sean compatibles con los contenidos a tratar), o utilizarlas para reflotar la clase en momentos en que decaiga la atención por cansancio o aburrimiento generalizado.

Tabla 10. *Determinación del nivel atencional por tareas.*

NIVEL ATENCIONAL POR TAREAS			
Tarea	**Atención alta**	**Atención media**	**Atención baja**
Exposición del profesor			
Presentación de un trabajo			
Trabajo por parejas			
Proyección de transparencias			
Debate en gran grupo			
Proyección de un vídeo			
Lectura			
…			
…			
…			

Una forma sencilla de determinar el nivel atencional de cada actividad consiste en anotar en una tabla similar a la expuesta como ejemplo las actividades más habituales en la clase y valorar el nivel atencional que se suele conseguir con cada una de ellas. Una vez determinado el nivel de atención de cada actividad, se puede obtener un perfil atencional de la clase y, en función del mismo, planificar las actividades distribuyendo su frecuencia y ubicación de la forma más conveniente.

- *Diversificar las corrientes atencionales.* Podemos imaginar las *corrientes atencionales* como las distintas líneas de desplazamiento de la atención en la clase. Así, una de ellas es la que dirige la atención de los alumnos hacia el profesor o a la tarea, pero también puede haber otra corriente que dirija la atención del alumno hacia sus compañeros o hacia elementos distractores. El profesor, por su parte, puede atender a todos los alumnos equitativamente o centrarse sólo en unos pocos.

Unas corrientes atencionales monótonas durante todo el curso aumentan la fatiga y propician la distracción. Las retransmisiones de espectáculos deportivos nos dan un ejemplo de cómo alternar con diferentes cámaras planos diversos con distancias diferentes y combinación de ángulos y perspectivas, lo que permite una atención sostenida y cómoda. El mismo espectáculo visto siempre desde el mismo ángulo y a la misma distancia haría más difícil mantener la atención. El curso escolar es un espectáculo que dura muchísimas horas y no deberíamos permitirnos retransmitirlo con una sola cámara y con un único plano que dure cientos de horas. Por ello, la diversificación de las corrientes atencionales se convierte en una necesidad de primer orden para «refrescar» la atención y conseguir mayores «índices de audiencia», con la consiguiente disminución de la probabilidad de aparición de problemas de conducta.

El modo de gestionar la clase determina el tipo de corrientes atencionales. Así, el uso abusivo de un único tipo de disposición espacial provoca flujos atencionales monótonos. Una *metodología variada,* que alterne diferentes tipos de actividades y *disposiciones espaciales,* refresca la atención y aminora la fatiga de los alumnos.

La *movilidad del profesor* también permite diversificar las corrientes atencionales, variando los ángulos y las distancias de percepción, y facilitando el establecimiento de relaciones de cercanía con todos los alumnos. La movilidad requiere una distribución espacial que la facilite, con amplios pasillos entre las mesas que permitan el desplazamiento del profesor por el aula con comodidad. Un profesor refugiado detrás de su mesa todo el tiempo produce dos efectos contraproducentes tanto para el mantenimiento de la atención como para la prevención de problemas:

- Excesiva lejanía del profesor respecto a ciertos alumnos situados en las últimas filas, que a veces son los más problemáticos, con la consiguiente dificultad para proporcionar ayuda a quienes más la necesitan, así como para controlar de forma efectiva la clase.
- Fatiga atencional en el alumno, producida al ver durante todo el curso al profesor a la misma distancia y desde el mismo ángulo, y oír su voz de forma monótona todo el curso. El profesor, al conducir la clase desde diferentes lugares de la misma, disminuirá la fatiga atencional (visual y auditiva) de sus alumnos, a la vez que la movilidad y la cercanía le van a permitir intervenir mediante gestos (un contacto en el hombro, un gesto con la mirada, etc.) o mensajes en voz baja, con lo que se disminuye la atención negativa y el protagonismo que buscan frecuentemente los alumnos problemáticos.

• *Incrementar la atención positiva y disminuir la negativa. Atención positiva* es la que el profesor presta a un alumno cuando está ejecutando una conducta positiva, mientras que *atención negativa* es la que se presta a un alumno al realizar una conducta inapropiada.

Conviene ser generoso en atención positiva y parco en atención negativa. La atención positiva, interviniendo sobre el alumno que está realizando las tareas encomendadas o contribuyendo a la convivencia de la clase, viene dada por el reconocimiento, el agradecimiento o una simple mirada de aprobación que contribuyan a mejorar el autoconcepto del alumno, transmitiéndole sensaciones de autoeficacia y protagonismo. Por el contrario, dispensar más atención negativa de la imprescindible fomenta conductas que en realidad querríamos inhibir. El protagonismo es un premio que debe ir asociado a conductas positivas y no a comportamientos perturbadores.

La atención visual a todos y cada uno de los alumnos es un indicador de consideración y disponibilidad por parte del profesor, además de servir para prevenir problemas de conducta y distracciones. Una posibilidad de uso de la atención visual preferente es la estrategia *«Dedicarle la clase a...»*, consistente en prestar una atención visual preferente al foco de alumnos con mayores probabilidades de perturbar la clase, explicando para ellos, mirándoles fijamente y desde una posición cercana que dificulte la irrupción de comportamientos inadecuados.

- *Mantener un alto índice de actividad del alumno y hacer ésta lo más variada posible.* Asegurar unos niveles elevados de actividad manipulativa, y, sobre todo, mental, mejora los índices de aprendizaje, pero si la actividad que se le propone al alumno es monótona y poco interesante, su interés decaerá rápidamente y se convertirá en una rémora.

  La *variedad de tareas* propuestas al alumno y el porcentaje de tiempo que invierte en cada una de ellas puede ser un buen indicador de la diversidad o monotonía de una clase, así como del nivel de actividad de los alumnos. Una clase en la que sólo unas pocas tareas ocupan la mayor parte del tiempo (tomar apuntes, escuchar la explicación del profesor...) nos indica pasividad, aburrimiento y fatiga en los alumnos. Este efecto nocivo se puede paliar conociendo cómo se distribuye el tiempo entre las diferentes tareas que se suelen acometer en la clase, para diversificarlas en la medida de lo posible. Para ello, se propone como modelo la siguiente *tabla de distribución del tiempo del alumno en tareas (TAT),* que puede rellenar el profesor (a partir de sus propias impresiones) o pedir a los alumnos que la rellenen, para su posterior análisis (tabla 11). Esta tabla se ofrece a título de ejemplo y debe ser adaptada a las diferentes materias, pues cada área tiene tipos de actividades específicas que no son igualmente válidas para otra asignatura.

Una vez detectado el perfil de actividad de la clase, basta con:

- Añadir actividades que no aparecen en la tabla y que se considere que podrían ser amenas además de útiles para conseguir los objetivos perseguidos.
- O bien, incrementar la frecuencia de las que aparecen reflejadas como poco frecuentes.

- *Detectar indicios de distracción.* Interesa prestar atención a las señales que denotan distracción en los alumnos, tales como la mirada fija, la tensión corporal o los atisbos de inquietud, para anticipar

Tabla 11. *Tiempo del alumno en tareas.*

DISTRIBUCIÓN DEL TIEMPO DEL ALUMNO EN TAREAS (TAT)					
M: Mucho. B: Bastante. R: Regular. P: Poco. N: Nada.	**M**	**B**	**R**	**P**	**N**
Tomar apuntes					
Escuchar la explicación del profesor					
Aclarar y consultar dudas					
Debatir					
Intervenir libremente, opinar					
Trabajar en pequeño grupo					
Resolver problemas					
Realizar ejercicios					
Trabajar en parejas					
Pedir ayuda al profesor					
Consultar fuentes de información					
Responder a preguntas del profesor					
Resumir explicaciones del profesor o de compañeros					
Exponer un trabajo					
Leer					
Escribir					
Redactar					
Resumir					
...					
...					
...					
...					

futuros problemas. La localización rápida de un foco de distracción permite al profesor desplazarse hacia allí de forma natural, o dirigir la mirada o hacer algún gesto o advertencia que atajen problemas que puedan acentuarse si no se actúa con rapidez y diligencia.

Si los indicios detectados son de fatiga o aburrimiento generalizado («mesetas»), conviene hacer una pausa en la tarea en curso y dejar paso a actividades relajantes como pasar lista, dar instrucciones sobre trabajos o simplemente mantener conversaciones informales con los alumnos. En estos momentos, en los que a los alumnos les cuesta mantener la atención, aunque lo intenten, la insistencia del profesor en mantener la tarea a toda costa acaba por arruinar el resto del período de clase, mientras que con una breve oxigenación y relajación, se puede recuperar la atención con vistas, bien a retomar la misma actividad, bien a pasar a otra actividad de menor demanda atencional, si es compatible con el desarrollo de la clase.

- *Soslayar conductas leves.* Soslayar una conducta molesta significa seguir desarrollando la clase como si no se hubiera percibido nada, «dejar pasar» la conducta anómala sin intervenir. La ventaja de soslayar ciertas conductas de escasa gravedad es que priva al alumno de las consecuencias gratificantes que supone la atención del profesor y del resto de compañeros, y, sin refuerzo que las sustente, acaban por extinguirse.

  Es conveniente soslayar cuando la conducta del alumno es ligeramente molesta pero no afecta significativamente al desarrollo de la clase (dos alumnos murmurando, un alumno distraído mirando por la ventana...). Sin embargo, conviene intervenir y no soslayar cuando la conducta deja de ser molesta para interferir de forma ostensible el trabajo de la clase, debido a su reiteración o aparatosidad, convirtiéndose en una abierta provocación o desafío al profesor.

Se puede actuar de dos formas distintas a la hora de soslayar:

- Aparentando que no nos hemos percatado de nada y seguir un desarrollo normal de la clase, sin hacer ningún gesto que manifieste sensación de fastidio.
- Demostrando mediante algún gesto que sí hemos detectado la conducta anómala, pero sin intervenir verbalmente ni interrumpir la clase.

Una regla general para decidir si conviene intervenir o no ante una situación determinada es preguntarse qué ocurriría si no se actuase. Si se intuye que la clase seguirá su desarrollo normal y que la conducta molesta desaparecerá en breve, conviene soslayar; mientras que si la percepción es que irá creciendo la intensidad de la conducta o que persistirá, conviene intervenir con alguna otra estrategia.

El uso de esta estrategia persigue evitar dos efectos nocivos:

- *Distraer a los demás.* La interrupción de la clase para llamar la atención a un alumno suele distorsionar la actividad que se estaba realizando y distraer al resto de alumnos, y no conviene arriesgar la atención de toda la clase para recuperar la de un alumno.
- *Premiar con atención las conductas que se quieren eliminar.* Al llamar la atención a un alumno se le da protagonismo negativo y se le proporciona una ocasión de oponerse al profesor («yo no estaba haciendo nada», «los demás también estaban hablando», «siempre lo pago yo»). Con ello, el profesor facilita innecesariamente al alumno una ocasión de conseguir las dos consecuencias más gratificantes ligadas a las conductas problemáticas: llamar la atención y plantear una pugna de poder al profesor.

Y si no... funciona. Si la conducta anómala persiste habiéndola soslayado, conviene hacer una advertencia personal en la clase o en privado, como se ve a continuación.

- *Advertencia personal.* Es un aviso relajado, pero firme, en el que se indica al alumno que debe cesar en su comportamiento perturbador. La advertencia debe hacerse cuando la conducta del alumno interfiere manifiestamente el desarrollo de la clase, no debiendo esperar para intervenir al momento en que se está a punto de explotar. Para que resulte eficaz, debe ser:
  - *Breve.* Mejor con un gesto que con una palabra, mejor con una palabra tranquila y firme que con una frase, y mejor con una frase relajada que con un largo discurso encolerizado.
  - *Privada.* Se debe procurar distraer a los demás lo menos posible, para lo se que pueden usar gestos o un tono bajo de voz desde una posición próxima al alumno.
  - *Relajada.* El enfado y la ira del profesor suele actuar como reforzador de las conductas conflictivas, por lo que conviene eliminar

los aditamentos emocionales que suelen acompañar la advertencia (gritos, gestos amenazantes, comentarios sarcásticos...) y que no hacen sino complicar la situación.
- *Positiva.* La intención del profesor debe ser resolver el problema, no castigar. El objetivo es cambiar una conducta o una actitud, por lo que cuando el alumno ha mostrado con hechos su intención de cambiar, debe concluir la intervención.
- *Sin discusiones.* No se debe entrar en debates innecesarios si el alumno niega la autoría de la conducta («yo no he hecho nada») ni dar explicaciones excesivas («¿por qué a mí solamente?»). Conviene emplazar al alumno a conductas futuras, antes que enzarzarnos en una discusión inútil sobre el pasado.
- *Firme.* No debe dejar lugar a dudas sobre la intención decidida del profesor a hacer cumplir la advertencia. Para ello, el profesor debe acabar con una petición de intenciones al alumno («¿vas a seguir haciéndolo?», «¿piensas trabajar?»).

Si la advertencia no surte efecto, no conviene seguir insistiendo y amenazando una y otra vez, pues tendría consecuencias gratificantes para el alumno, que vería en provocar las advertencias un modo de recibir atención.

Si el alumno, a pesar de la advertencia, persiste en la misma conducta, conviene repetir la advertencia por una sola vez, de forma tranquila, pero firme, dejando claro que no se va a tolerar la reiteración en dicha conducta, utilizando preferentemente la comunicación no-verbal (gestos, mirada, aproximación...) o frases cortas rematadas con una petición de respuesta («sigues molestando a tu compañero, ¿vas a seguir haciéndolo?»).

Cuando la advertencia en la clase se muestra ineficaz, conviene hacerla en privado, fuera de clase.

- *Advertencia personal en privado.* Se debe hacer la advertencia fuera de clase cuando una conducta disruptiva es persistente y va claramente a provocar un desafío al profesor ante los compañeros. La clave para saber cuándo conviene actuar fuera de la clase la da la respuesta a la pregunta: «¿se comportaría igual el alumno si estuviera solo con el profesor?». Si la respuesta es no, entonces conviene advertir fuera de clase, y se puede hacer bien al finalizar la misma («al acabar la clase quiero hablar contigo»), bien inmediatamente (si está interfiriendo de forma aparatosa la clase).

La advertencia fuera del aula pretende evitar que el alumno consiga las consecuencias gratificantes derivadas del contexto (risitas, comentarios de apoyo de compañeros, etc.), que dificultan la resolución del conflicto.

La advertencia privada gana en eficacia cuando contempla los siguientes elementos:

1. Anuncio de la imposibilidad por parte del profesor de seguir tolerando la conducta anómala («no puedo permitir que sigas...»). Conviene con alumnos adolescentes argumentar de forma despersonalizada las razones que impiden al profesor tolerar las conductas del alumno; para ello podemos referirnos a las normas, a los derechos de los demás alumnos a recibir la clase en condiciones y a los derechos propios del profesor a poder dar clase adecuadamente.
2. Descripción de la conducta anómala de forma concreta y observable.
3. Petición de compromiso por parte del alumno («¿qué vas a hacer para evitar que esto se repita?»). Se debe procurar que responda con alguna frase que demuestre su disposición a comprometerse, mejor que con un gesto o un *sí* o un *no.*
4. Solicitud al alumno de las consecuencias del incumplimiento del compromiso («¿y si no lo cumples?»). Deben estar previstas las consecuencias que se derivarán si el alumno incumple sus compromisos, las cuales se deben aplicar de forma automática. El alumno puede sugerir consecuencias del incumplimiento, pero si no lo hace, el profesor puede sugerir algunas y el alumno aceptar cualquiera de ellas. La finalidad de este paso es que el alumno se sienta implicado en un compromiso y no sometido a un mandato.
5. *Y si sí...* Conviene que al alumno se le reconozca y refuerce el cumplimiento del acuerdo (reconocer o agradecer el cambio, informar a los padres, mostrar algún gesto distendido y afectuoso hacia el alumno...).

Un ejemplo de advertencia en privado fuera de clase podría ser el siguiente:

Profesor: «No puedo permitir que siga ________ porque ________ ¿Qué vas a hacer por evitarlo?»
Alumno: ________________ (debe contestar con una frase, no con monosílabos).
Profesor: «¿Y si no cumples?»
Alumno: ________________
Profesor: «Bien, haremos un seguimiento los próximos días. Gracias por tu colaboración.»

- *Adoptar una disposición cambiante de la clase: cambios de ubicación.* El mantenimiento de una misma disposición espacial durante todo el curso favorece la formación de subgrupos, algunos de los cuales pueden llegar a interferir seriamente el trabajo escolar, además de generar fatiga atencional, al darse siempre las mismas corrientes atencionales. Para evitar estas dinámicas negativas, se pueden realizar cambios en la disposición del alumnado, que pueden ser de varios tipos:
  – *Uso de diferentes estructuras de clase.* Se adopta una determinada disposición de la clase según el tipo de actividades que se vayan a realizar, alternando diferentes posibilidades. Además de los efectos beneficiosos sobre el control de la clase, supone una mejora sustancial en el nivel atencional de la misma, pues cada cambio abre expectativas de que va a ocurrir algo novedoso. Algunos cambios en la disposición pueden ser: varias filas de dos mesas, varias filas de una mesa, grupos de 4/6 mesas, mesas en U, distribución mixta: una fila de dos mesas en el centro y dos filas de una mesa en los laterales. No obstante, tampoco conviene abusar del cambio de estructura, por las consiguientes molestias y pérdidas de tiempo que puede ocasionar.
  – *Cambios puntuales en la ubicación de un alumno.* Referidos a un alumno concreto, pueden suponer el cambio a una posición más cercana al profesor, el alejamiento de otro compañero perturbador, la unión con un compañero influyente positivamente, por ejemplo.
  – *Cambios de ubicación de un subgrupo perturbador.* Se puede intervenir sobre un subgrupo que esté interfiriendo significativamente el desarrollo de la clase, separando a todos y cada uno de los miembros del grupo, o al líder o bien a algunos de sus «satélites».
  – *Ganarse el sitio.* Una forma eficaz de plantear los cambios de ubicación es dando al alumno o al subgrupo perturbador la posibilidad de ganarse el sitio con un comportamiento adecuado. El alumno (o grupo) conserva su ubicación si se compromete a un cambio en su conducta o rendimiento y cumple dicho compromiso.
  – *Solicitar al alumno que pida el cambio de ubicación.* Si, en vez de ordenar al alumno el cambio de ubicación, se le sugiere que lo puede pedir para evitar consecuencias negativas, se aumenta la

sensación de autonomía del alumno y se aprovecha esta ocasión para entrenar su fuerza de voluntad, haciéndole capaz de plantearse retos que en principio le cuestan esfuerzo y le pueden resultar desagradables momentáneamente, pero que le pueden reportar beneficios futuros.

ESTRATEGIAS INSTRUCCIONALES Y CONTROL DE LA CLASE

Si clasificamos a los alumnos en función de la actitud hacia la dinámica de la clase, podríamos obtener tres categorías básicas: los «enganchados» a la clase, los «sometidos» y los «rebotados». Se suele asociar con demasiada frecuencia el control de la clase exclusivamente a estrategias de sometimiento de los rebotados, pero todo el repertorio de actuaciones del profesor tendentes a enganchar a la dinámica de clase a sus alumnos entran dentro del campo de acción de una disciplina positiva y formativa. Es por tanto imprescindible dar un somero repaso a algunas estrategias relacionadas con la instrucción y la gestión de la clase que, si bien no son directamente disciplinarias, sí lo son de forma indirecta, por su influencia en un clima de clase propicio al trabajo y la convivencia.

Algunas de las variables instruccionales que influyen en el nivel de conflictividad de una clase son:

- Las expectativas.
- La motivación.
- El autoconcepto y la autoestima.

CREAR EXPECTATIVAS: ABRIR PUERTAS

Las expectativas reflejan lo que espera el alumno de la actividad escolar antes de emprenderla, y se pueden definir como la probabilidad, subjetivamente estimada por el individuo, de poder alcanzar un objetivo concreto con una acción y en una situación específicas (Burón, 1995). Permiten explicar por qué unos alumnos se deciden a realizar las tareas escolares y otros no, pues nadie se sumerge en una actividad por propia voluntad si de ella no espera nada útil o agradable.

La historia previa de éxitos y fracasos en actividades similares, además de los mensajes del profesor, les sirven de referencia para calcular subjetivamente las probabilidades de alcanzar éxitos en las tareas que se les ofertan, y en función del resultado del cálculo, intentarlo o abandonar. Algunos asocian ya de entrada estudio con éxito probable, mientras que otros lo asocian a un casi seguro fracaso. Pero estas situaciones son susceptibles de ser modificadas por el profesor, induciendo nuevas expectativas de éxito, «abriendo puertas» y despertando esperanzas. La apertura de expectativas en alumnos conflictivos y desmotivados cobra un interés estratégico, pues sólo si ellos se percatan de que «lo pueden hacer», se decidirán a intentarlo.

El profesor que al iniciar el curso se centra en explicar lo difícil que será aprobar y que si no tienen los conocimientos suficientes ya de entrada se pueden ir despidiendo..., ha cerrado las puertas a un buen número de alumnos con dificultades previas, que, a buen seguro, habrán abandonado de inmediato la intención de esforzarse y entrarán en una espiral que conduce a probables problemas disruptivos. En cambio, el profesor que en los primeros días resalta que todos los alumnos tienen posibilidades de superar la asignatura y que lo que se les pide es que se esfuercen, que trabajen habitualmente y una actitud de participación en las clases y de buena convivencia (variables alcanzables por todos), y que todo esto será valorado, está abriendo posibilidades de tener éxito y haciendo más probable el esfuerzo y el «enganche» del alumno. Habrá pues que cuidar los mensajes que el profesor envía a sus alumnos, ya que pueden permitir (o dificultar) la visualización de éxitos futuros y suponer un acicate para cambiar la historia académica personal.

Se hace necesario un ajuste entre las expectativas del profesor hacia el alumno y las expectativas del alumno hacia la clase, para lo cual ambos, profesor y alumno, tienen que romper creencias y supuestos preestablecidos, teniendo el profesor que adaptar sus demandas a las características intelectuales y motivacionales del alumno, sabiendo qué le puede pedir a cada uno y teniendo claro que no puede pedir a todos lo mismo, pues cada alumno es una realidad única.

Entre las diversas vías de creación de expectativas existentes nos vamos a centrar en tres:

- *Adaptación de los objetivos* a las capacidades e intereses de cada alumno.
- Establecimiento de *criterios de evaluación* aplicables a toda la diversidad del alumnado.
- Percepción de *autoeficacia o competencia,* a partir de los logros propios y de la persuasión por parte del profesor.

Adaptación de los objetivos

Enganchar al alumno al estudio pasa por procurar que éste sea una de sus metas prioritarias, y para ello le tiene que proporcionar satisfacciones. Estas satisfacciones tienen que ser consecuencia de un esfuerzo proporcionado al valor que el alumno dé al éxito escolar, para lo cual hay que conseguir que vea claramente que las tareas propuestas son superables con un esfuerzo razonable («esto lo podéis superar todos», «lo que vamos a ver lo podéis entender todos», «si os esforzáis un poco»...). Las propuestas educativas no deben ser un muro infranqueable, pero tampoco algo tan fácil de superar que les aburra.

Algunas observaciones que conviene tener en cuenta en relación con los objetivos son:

- *Persuadir de que son posibles,* abordables por todos los alumnos. La persuasión dependerá de la credibilidad de los mensajes del profesor, de los logros que vaya consiguiendo el alumno y de las emociones positivas ligadas a las experiencias de éxito que alcancen los alumnos.
- *Diversificarlos,* de forma que hagan referencia a capacidades diversas: cognitivas, afectivas, de relación interpersonal... Si los objetivos instructivos, ligados a los conocimientos, son importantes, no lo son menos otros tipos de capacidades de carácter formativo que permiten una formación integral de la persona.
- *Graduarlos* por niveles de dificultad para facilitar a todos los alumnos la consecución de los mismos.
- *Evitar objetivos rígidos e inflexibles,* iguales para todos, incomprensibles, o excesivamente teóricos y formalistas.
- *Difundirlos de forma efectiva:* los objetivos, por muy bien definidos que estén, no son operativos si no se difunden a padres y alumnos, con claridad e insistencia, de manera que los entiendan y los hagan suyos. Los alumnos deben saber qué se espera de ellos desde los primeros días.

Establecimiento de los criterios de evaluación

Los criterios de evaluación deben reflejar la consecución o no de los objetivos planteados. Cuando el profesor se centra en criterios académicos exclusivamente y éstos son vistos por el alumno como algo que requiere un esfuerzo desmesurado, se producirá el «desenganche» automático hacia la asignatura, al percibir que se le pide algo que él no puede dar. Si se quiere «enganchar» a todos, habrá que pedirles (y valorar consecuentemente) variables que tengan carácter universal, es decir, alcanzables por todos, independientemente del nivel competencial y de conocimientos de cada uno.

En relación con los criterios de evaluación en un nivel obligatorio de enseñanza, es aconsejable tener en cuenta:

- Mantener la coherencia entre los objetivos planteados y los criterios de evaluación. Podríamos resumir este planteamiento en la siguiente frase:

  «Pide lo que vas a valorar, y valora lo que has pedido.»

- Incluir *criterios de evaluación «universales»*, alcanzables por todos, independientemente de su nivel de conocimientos, capacidades o intereses, y que respondan a un estilo de atribución causal interno y controlable, como por ejemplo el esfuerzo habitual, los hábitos de trabajo, el progreso continuo, la disposición favorable hacia la asignatura y la contribución a la convivencia en la clase.

Estos criterios pretenden ligar los éxitos y fracasos de los alumnos a causas internas (dependientes del propio sujeto), controlables (bajo el dominio del sujeto) y estables (ligados a conductas habituales), y, cuando se combinan en una determinada proporción, son eficaces tanto para incentivar el trabajo de los alumnos con un alto nivel de conocimientos, como el de aquellos que presentan deficiencias en capacidades intelectuales, conocimientos previos o motivación. A título de ejemplo, una posible proporción podría ser la que se expone en la tabla 12.

Los criterios expuestos u otros de similares características permiten compensar deficiencias en capacidades con esfuerzo, trabajo habitual y mejora continua, además de primar la contribución que cada alumno haga a la creación de un buen clima de convivencia y respeto en la clase. Además, son criterios igualmente útiles para incentivar el trabajo en aquellos alumnos con buen nivel de capacidades intelectuales y evitar que se duerman en los laureles.

Tabla 12. *Criterios de evaluación adaptables a la diversidad.*

CRITERIOS DE EVALUACIÓN ESO				
Conocimientos (conceptuales, procedimentales y actitudinales)	**Esfuerzo habitual**	**Hábitos de trabajo**	**Progreso y mejora**	**Contribución a la convivencia**
6 puntos (60%)	1 punto (10%)	1 punto (10%)	1 punto (10%)	1 punto (10%)

Percepción de autoeficacia o confirmación de las expectativas

Las expectativas iniciales hacia las tareas se van confirmando o alterando en función de los resultados que los alumnos van obteniendo: las experiencias de éxito van aumentando las expectativas, generando sensación de autoeficacia, entendida como la sensación de «ser capaz de...» o de sentirse competente, mientras que las de fracaso las empeoran, por lo que habrá que facilitar especialmente en los inicios de curso pequeños logros a los alumnos con un historial de fracasos académicos previos, mediante la propuesta de tareas más sencillas o la facilitación de ayudas en las tareas. La consecuencia probable es que cuando el alumno se crea capaz de realizar una tarea, intentará llevarla a cabo. La sensación de autoeficacia se origina principalmente a partir de los éxitos en la actuación (si se atribuyen causalmente a la propia actuación), la persuasión verbal (si el hablante tiene ascendencia y solvencia ante el alumno), las emociones que acompañan a los éxitos o la observación de modelos (aprendizaje vicario).

LA MOTIVACIÓN: HACER QUE QUIERAN

La falta de motivación es una de las variables clave en el proceso de aprendizaje, pues provoca la mayor parte de las situaciones de fracaso escolar y se asocia a la mayoría de conflictos en el aula. El alumno sólo aprenderá si «quiere» aprender, pero esta motivación no se da por generación espontánea en niveles obligatorios de enseñanza, sino que la mayoría de las veces tiene que ser inducida por el profesor mediante el uso de determinadas estrategias.

Motivar hacia el aprendizaje es dirigir los intereses de un alumno, de forma que priorice la tarea escolar sobre otras actividades alternativas que demanden su atención. Hay pues que centrarse como profesor en buscar una respuesta práctica a la pregunta de *¿cómo puede un profesor motivar a los alumnos desmotivados?* (Alonso Tapia, 1997). De acuerdo con esta visión práctica, podemos centrarnos en algunas estrategias agrupadas en los siguientes campos motivacionales:

- Motivación intrínseca o interés directo por la materia.
- Motivación de logro o satisfacción por las actividades realizadas con éxito.
- Motivación extrínseca o fuerza derivada de la obtención de recompensas, donde nos centraremos sobre todo en el papel de las calificaciones en este campo.

Favorecer el interés por la materia: la motivación intrínseca

Por motivación intrínseca entendemos el interés directo por un estímulo, sin ninguna influencia suplementaria, y que en la situación escolar vendría dada por el interés puro por los contenidos de la materia.

Los alumnos motivados intrínsecamente disfrutan aprendiendo y convierten el aprendizaje en una meta prioritaria, sin necesidad de recompensas externas. No obstante, suele ser más frecuente que el «gusto por la materia» tenga que ser inducido por el profesor, a través de contenidos lo suficientemente interesantes como para competir con los intereses que los alumnos traen a clase, aunque sin perder de vista que el aprendizaje va ligado al esfuerzo y no debe enfocarse únicamente como algo lúdico y agradable, cayendo en un paternalismo nocivo.

Las estrategias de motivación intrínseca se centran especialmente en la selección y presentación de los contenidos:

- *Selección de contenidos:* los contenidos de una materia deben ser adaptados por cada profesor en función de los intereses y capacidades de sus alumnos. Dicha adaptación puede consistir en:
  - Suprimir contenidos prescindibles, con el fin de disponer de tiempo para otras tareas no relacionadas directamente con los contenidos, pero igualmente importantes para la formación integral del alumno (debates, conversaciones, repasos...).
  - Adaptar los contenidos a diferentes niveles de dificultad.
  - Incorporar contenidos próximos a la realidad cotidiana del alumno, previo conocimiento de sus intereses y aptitudes. Para ello se deben aprovechar las conversaciones informales o las intervenciones de los alumnos, que servirán para detectar intereses e incorporar ejemplos o narraciones personales al desarrollo de la clase.
  - Seleccionar contenidos cuya utilidad desde la óptica del alumno sea manifiesta.
  - Elaborar un banco de materiales complementarios sobre temas de interés y actualidad (recortes de prensa, reportajes televisivos, ficheros de Internet, etc.).
  - Incorporar información nueva y sorprendente.
  - Extraer los contenidos de diversas fuentes.
  - Abordar algunos contenidos de forma interdisciplinar, que permita tener una visión global desde diferentes perspectivas.

- *Presentación de los contenidos:* si importante es la selección de los contenidos, no lo es menos la forma de presentarlos. Una presentación ágil y atractiva puede hacer más digerible un contenido árido, mientras que una forma de presentar los contenidos aburrida y monótona acaba por convertir un tema interesante en algo tedioso. Algunas ideas útiles para presentar de forma más atractiva los contenidos son:
  - Conectar los nuevos contenidos con lo que los alumnos ya saben.
  - Presentar los contenidos en forma de interrogante o problema a resolver, pidiendo información a los alumnos.
  - Presentar información novedosa, sorprendente y de complejidad media.
  - Plantear hipótesis y averiguar las consecuencias de las mismas («qué pasaría si...»).
  - Hacer explícita la utilidad o la importancia del tema desde la óptica del alumno.
  - Proceder por pequeños pasos con los alumnos con dificultades.
  - Resaltar los puntos fundamentales mediante esquemas, sinopsis, guiones...
  - Alternar las formas de presentación: exposición del profesor, exposición de un alumno, lectura de un texto, transparencias, medios audiovisuales...
  - Utilizar anécdotas ilustrativas del tema a tratar, relatadas por el profesor o por los alumnos.
  - Presentar algunos contenidos en forma narrativa, procurando aludir a situaciones y personas reales, próximas a la realidad del alumno.
  - Dar abundantes ejemplos y aclaraciones a los conceptos confusos.
  - Intercalar en las explicaciones preguntas a los alumnos, con el fin de recuperar la atención cuando ésta sufra altibajos, además de comprobar el grado de comprensión. Se pueden además aprovechar las preguntas para completar información que haya quedado incompleta, insistir en aspectos que no hayan quedado claros, ampliar o reforzar otros, etc.
  - Dar instrucciones claras sobre los procesos a seguir.
  - Presentar contenidos en espiral, retomándolos con un mayor nivel de profundidad cada vez.

Auspiciar la motivación de logro

La motivación de logro se puede definir como el deseo de tener éxito y alcanzar una buena actuación en situaciones que suponen un reto, aumentando así la consideración propia. Según Atkinson, la disposición de una persona hacia la acción depende de la atracción o aversión que producen los resultados esperados, y está en función de tres factores: la motivación para el éxito, las expectativas de éxito y el valor que dicho éxito tiene para el individuo.

Según Covington (1984), la percepción de la propia habilidad es fundamental para alcanzar el éxito en las tareas propuestas, de forma que las percepciones positivas de la propia competencia permiten afrontar en mejores condiciones las tareas y colocan al sujeto en mejor disposición para superar los obstáculos y corregir errores, al visualizar éxitos futuros con una perspectiva optimista y segura, que inmuniza ante el fracaso. Por el contrario, los fracasos reiterados conducen a estrategias de evitación de las tareas debido a la sensación de falta de competencia que provocan, además de generar, un sentimiento de indefensión.

La motivación de logro es susceptible de ser mejorada mediante las experiencias continuadas de éxito y fracaso, pero también a partir de factores familiares (tipo de relación entre padres e hijos, ambiente familiar o nivel de exigencia de los padres) y escolares (mensajes y conductas de profesores o compañeros).

Algunas sugerencias que pueden favorecer la motivación de logro son:

- Propiciar experiencias de éxito, especialmente en los primeros intentos del alumno por acometer tareas.
- Emitir mensajes que transmitan al alumno sensación de competencia y eficacia.
- Abundar en actividades autorreforzantes que busquen, más que la motivación para una actividad concreta, la satisfacción autónoma y la atracción hacia la tarea, por ser de mayor duración y más transferible a otras actividades.
- Plantear tareas con niveles de dificultad diversas, adaptadas a las diferentes capacidades existentes en la clase. Si las tareas propuestas son demasiado fáciles provocarán aburrimiento, y si son demasiado difíciles, el alumno las rehuirá adoptando posturas evasivas para evitar el más que posible fracaso.

- Procurar que los alumnos con un ritmo más lento de trabajo o con dificultades de aprendizaje puedan completar las tareas iniciadas con tiempo suficiente.
- Dar retroalimentación frecuente durante las tareas, corrigiendo errores y proporcionando las ayudas pertinentes.

Usar las calificaciones como incentivos: motivación extrínseca

La capacidad de repartir recompensas es una de las cinco fuentes de poder citadas por French y Raven en su ya clásico estudio. Una de las principales vías de recompensa para los alumnos son los procedimientos de evaluación, cuya eficacia como reforzador puede incrementarse adoptando algunas medidas a nuestro alcance, como las siguientes:

- Llevar a cabo una *evaluación continua* real, mediante la observación diaria del trabajo y la actitud de cada alumno, que permita al profesor corregir errores sistemáticamente y establecer ayudas durante las tareas que incrementen las posibilidades de éxito, promoviendo sensaciones de competencia en los alumnos con dificultades (carácter formativo de la evaluación).
- Aplicar *criterios de evaluación diversificados,* que contemplen variables alcanzables por todos los alumnos, tales como el esfuerzo habitual, la participación en la clase, el progreso o la actitud favorable a la convivencia.
- *Aumentar el número de evaluaciones.* El uso de las calificaciones como recompensa es a menudo poco eficiente por el excesivo tiempo que el alumno tiene que esperar para ver los resultados de su esfuerzo reflejados en un boletín de notas. Para combinar la necesidad de informar sobre las notas y no generar demasiado trabajo burocrático, se puede aplicar el aumento de evaluaciones *sólo a algunos grupos* especialmente problemáticos por su bajo rendimiento o conducta inapropiada, o bien *solamente a algunos alumnos puntuales de cada grupo* con los que se considere conveniente un intercambio de información con los padres más frecuente.
- *Entregar los boletines de calificación conjuntamente a padres y alumnos.* La cita conjunta a alumnos y padres para entregarles el boletín de calificaciones puede ser aprovechado para comentar las circunstancias que están afectando a la trayectoria académica del alumno y que son susceptibles de mejora, tales como:

- Variables que inciden negativamente: la actitud, compañías, hábitos de trabajo, deficiencias en conocimientos previos, etc.
- Propuesta de soluciones que atajen las variables descritas.
- Adopción de compromisos por parte del alumno, con un seguimiento por parte del tutor y la familia, determinando los plazos en que se va a hacer un seguimiento del rendimiento y conducta del alumno.

• *Realizar un informe personalizado.* Se trata de una hoja informativa que sirve para hacer un seguimiento del alumno contemplando una serie de variables académicas y conductuales que el mismo alumno puede autocontrolar, y que se hace llegar a los padres con una periodicidad quincenal, hasta que se consolide una mejora significativa en el alumno, volviendo entonces a una evaluación en las mismas condiciones y la misma regularidad temporal que el resto de la clase (tabla 13). Conviene que el informe o boletín personalizado sea previamente aceptado por el alumno, y que los padres se comprometan a acudir al centro para recogerlo personalmente, junto a su hijo, cada cierto tiempo (por ejemplo, quince días).

El boletín puede estar redactado conteniendo variables positivas (que presentan la ventaja de indicar qué conductas son las que se quieren promover) o negativas (que tienen la ventaja de resultar menos burocráticas, al tener que señalar cada profesor sólo con una cruz las variables en las que no está cumpliendo).

El modo de cumplimentar el boletín, para que no sea un procedimiento complicado de gestionar, puede ser el siguiente:

1. Cada profesor (en la columna de su asignatura) anota una cruz en las casillas correspondientes a las deficiencias de rendimiento y conducta observadas.
2. El tutor, rellenado el informe por todos los profesores, hace llegar el mismo a los padres del alumno, mediante citación personal o por otros medios, asegurándose de que lo reciben (es preferible la entrega personal al alumno, acompañado de sus padres).
3. El informe puede ser utilizado posteriormente por el equipo docente en su conjunto, o por cualquier miembro del mismo, para proponer al alumno pactos de mejora en puntos negativos del informe.

Tabla 13. *Modelo de boletín o informe individualizado de uso temporal para alumno problemático.*

INFORME INDIVIDUALIZADO DE RENDIMIENTO Y CONDUCTA												
Alumno/a:							Grupo:					
Tutor/a:							Hoja n.º:					
	Lengua cast.	Lengua autón.	C. Sociales	Matemáticas	Fís. y Quím.	Biol. y Geol.	Inglés/francés	Música	Plástica	Educ. física	Tecnología	Optativa
Falta mucho a clase												
No respeta las normas												
Es impuntual												
No atiende												
No saca el material												
No trabaja												
No presenta los trabajos												
Molesta a los compañeros												
No respeta al profesor												
No tiene interés												
No comprende las explic. orales												
No comprende los textos escritos												
No participa												
No tiene técnicas de trabajo												
No trabaja en casa												
No corrige los errores												
Es desorganizado												
Tiene mala ortografía												
Redacta mal												
Tiene malas compañías												
...												
...												
Firmas de los profesores,												
Enterado/a: padre/madre, ______ de ______ de ______												

EL AUTOCONCEPTO

Podemos definir el autoconcepto como el conjunto de opiniones que cada persona tiene sobre sí misma, y que influye en las acciones que ejecuta, el esfuerzo que les dedica y lo que piensa al realizarlas. Si una persona se valora por debajo de su capacidad real, evitará ambientes y actividades que le supongan un riesgo para su autoimagen. Las consecuencias de valorarse en exceso tampoco son buenas, ya que llevan a emprender acciones por encima de las posibilidades propias y sufrir, por tanto, excesivas frustraciones y desengaños (Bandura, 1987).

Para ayudar a superar las tensiones que implica la continua exposición a situaciones de éxito y fracaso en el aprendizaje, el profesor puede ayudar a los alumnos a:

- Relativizar tanto el éxito como el fracaso, evitando considerarse superiores a los demás cuando se tienen éxitos, o inferiores cuando se experimenta algún fracaso. Acostumbrarse a ser el primero en todo puede ser perjudicial si no se aprende a tolerar los posibles fracasos que puedan aparecer, mientras que asumir que uno es un «desastre» y que no puede hacer nada por evitarlo (indefensión aprendida) conduce a una actitud evasiva o conformista ante las tareas escolares.
- Entender la valía personal como algo que no depende tanto del éxito en cada tarea como de factores internos, estables y controlables, como el esfuerzo, la persistencia y la capacidad de ir superando obstáculos.
- Considerar la ausencia de resultados positivos más como un obstáculo a superar que como un fracaso, procurando concentrar su atención en qué se puede hacer para superar las dificultades.
- Aprender de los errores y entrenar su afán de superación.
- Plantearse objetivos realistas, ajustados a sus posibilidades, facilitándole las ayudas necesarias.
- Tener sentimientos de aceptación personal, resaltando sus capacidades y valores.

Algunas vías aprovechables para mejorar el autoconcepto de los alumnos son:

Mantener conversaciones informales con los alumnos

Los conflictos escolares, salvo excepciones ligadas a problemáticas más graves, suelen ser conflictos académicos provocados por un enfrentamiento de roles: el rol del profesor (que obliga) frente al rol del alumno (que se siente obligado). Si no se manejan estas situaciones con habilidad es fácil que el problema, en principio «profesional», se convierta en un antagonismo personal que complique futuras relaciones.

Para circunscribir el conflicto a su aspecto académico, conviene *dar señales* de que la relación personal puede ser correcta y de respeto mutuo. Para ello, las conversaciones informales entre el profesor y los alumnos permiten cubrir una serie de objetivos de gran importancia: conocimiento del alumno, empatía, aumento de la capacidad de influencia sobre el alumno... Es evidente que después de que profesor y alumnos hayan confraternizado en una excursión, o hayan mantenido una conversación distendida sobre alguna temática no escolar, resulta más improbable que dicho alumno cause problemas de conducta. En las conversaciones informales el profesor debe *escuchar* más que hablar, esforzándose en *comprender* y aceptar al alumno mediante actitudes de cercanía afectiva, disponibilidad, trato respetuoso, así como sinceridad y preocupación real por los problemas.

Estas conversaciones informales pueden servir, además de para conocer y ayudar al alumno, para introducir en el desarrollo de la clase elementos próximos a su mundo, tales como ejemplos, anécdotas o la narración de hechos reales que hayan vivido, y que pueden ser relatados por ellos mismos.

Dar responsabilidades

El protagonismo, sentirse actores de lo que ocurre en el aula y no meros espectadores, mejora la autoestima de los alumnos más desconectados de la actividad escolar. El desarrollo de la clase da al profesor numerosas posibilidades de ofrecer al alumno oportunidades de colaboración, tanto en tareas de gestión material de la clase como en su desarrollo curricular. Algunas de las responsabilidades que se pueden delegar en ellos son: formar parte de la comisión de mediación, pasar lista, organizar el calendario de exámenes junto con el tutor, ayudar a organizar actividades extraescolares, ser responsable del mantenimiento de la clase, elaborar normas de clase, ser portavoz de un grupo de trabajo...

Proporcionar refuerzos sociales

Para consolidar determinadas conductas se puede recurrir a estímulos sociales, tales como el reconocimiento, la atención positiva o el agradecimiento. Estos refuerzos sociales permiten a los alumnos salvaguardar su posición ante los compañeros y mejorar su autoconcepto. Escuchar de labios del profesor un «gracias por ayudarme» o un «te agradezco que colabores conmigo» no merma la autoridad del profesor y facilita la consecución de cambios voluntarios de conducta que mediante otros medios serían difíciles de conseguir.

Los refuerzos sociales pueden ser verbales y no verbales. Algunos de ellos aparecen a continuación:

- *Verbales:* comentarios halagadores, ayudas, retroalimentación, llamar por su nombre, conversaciones amigables no escolares, bromas...
- *No verbales:* proximidad física con los alumnos, contacto físico, contacto visual, expresiones faciales que denoten aprobación, atención, interés por el alumno como persona, aprecio...

Los refuerzos sociales, para ser eficaces, deben cumplir ciertos requisitos:

- *Inmediatez:* que el intervalo entre la conducta y el refuerzo no sea demasiado largo.
- *Concreción:* reforzar las conductas, no a las personas.
- *Subjetividad:* tener en cuenta que los refuerzos lo son para quien los percibe como tales, es decir, que lo que para unos es reforzante, para otros no.
- *Uso limitado:* el uso continuado de halagos y premios es contraproducente, pues hace que el sujeto se habitúe a ellos y deje de actuar en ausencia de los mismos.

A título de ejemplo, podemos ver en la tabla 14 algunas pautas marcadas por Brophy (1995) para que las alabanzas sean eficaces.

LOS COMPROMISOS: LA FUERZA DE VOLUNTAD

Los problemas de conducta suelen ir acompañados por la falta de voluntad del alumno para asumir retos y plantearse propósitos y cumplirlos. La fuerza de voluntad aparece como la capacidad de controlar las fuerzas necesarias para decidirse a realizar una conducta y llevarla a cabo, o bien para resistirse a realizar un comportamiento que se considere inadecuado. Esta facultad de impulsión o inhibición en los alumnos con dificultades de rendimiento o conducta suele estar bastante mermada, pero puede ser ejercitada mediante la propuesta de compromisos más o

Tabla 14. *Condiciones para el uso eficaz de las alabanzas, según Brophy.*

ALABANZA O RECONOCIMIENTO DE MÉRITOS (BROPHY)	
Alabanza eficaz	**Alabanza ineficaz**
Se da contingentemente (a condición de...)	Se da al azar
Premia según criterios específicos	Premia sin criterios específicos
Da información sobre los logros	No da información sobre los logros
Se aplican logros anteriores para explicar el logro actual	Usa los logros de los compañeros para describir el logro actual del alumno
Se reconoce el esfuerzo y la dificultad de las tareas a la hora de premiar	Premia sin fijarse en el esfuerzo y sin tener en cuenta la dificultad de las tareas
Se atribuye el éxito al alumno y su habilidad, explicando que se podrá repetir en el futuro	Atribuye el éxito a factores externos o sólo a la habilidad
Fomenta las atribuciones internas	Fomenta las atribuciones externas
Focaliza la atención del alumno en los aspectos de la conducta propia relevantes para la tarea	Focaliza la atención del alumno en el profesor

menos regulares, de forma que el alumno vaya paulatinamente habituándose a plantearse a sí mismo desafíos cada vez más autónomos y vaya incrementando su capacidad de autocontrol y de persistencia para superar obstáculos.

Centrándonos en los problemas de conducta, la asunción regular de compromisos y la ejercitación habitual en hacer planes y cumplirlos permite ir sustituyendo el control externo de la conducta del alumno por parte del profesor por el autocontrol, más formativo y transferible a futuras actividades y experiencias.

A continuación se proponen algunos ejemplos de compromisos útiles para modificar conductas inadecuadas que, habiéndose convertido en habituales, marcan el rumbo del alumno en la clase.

Compromiso verbal: pedir soluciones

Los alumnos problemáticos suelen aceptar mal las medidas impuestas por el profesor, pues suelen exacerbar a menudo su rebeldía y provocar resentimiento. Un modo de superar esta resistencia a las imposiciones consiste en pedir al alumno una solución... y exigirle que la cumpla, habiendo dejado claro que la situación anómala no puede continuar y que es innegociable el cambio de actitud.

> «¿Qué propones?», «¿qué podemos hacer?», «¿a qué te comprometes?»...

Una variante de esta estrategia es pedir soluciones al grupo, indicada sobre todo cuando el ambiente general de la clase está siendo perturbado por la actitud de unos pocos alumnos. Para ello, se puede recurrir a una asamblea de clase en la que se definan los problemas básicos de la clase y, mediante una lluvia de ideas, se generen soluciones con el compromiso por parte de todos de asumir lo acordado. Es conveniente constituir una comisión de alumnos que se encargue de hacer un seguimiento de los acuerdos tomados.

Compromiso público ante el grupo

Hay ocasiones en que los compromisos privados entre profesor y alumno tienen poco efecto, bien por la ausencia de empatía entre ambos, bien por la poca capacidad de influencia del profesor sobre el alumno. Conviene entonces implicar al grupo en la búsqueda de soluciones. El profesor puede sugerir al alumno la posibilidad de dirigirse al grupo y explicar públicamente el compromiso que asume. El alumno pide entonces al grupo que, en caso de incumplimiento, le recuerden el compromiso asumido y la obligatoriedad de llevarlo a cabo. Una pequeña comisión de dos o tres alumnos con capacidad de influencia sobre el grupo se puede encargar de garantizar el cumplimiento del compromiso. Una posibilidad interesante es incorporar como garantes a alumnos conflictivos que estén en fase de mejora de su comportamiento.

Cambiar verbos: «Lo que hice hoy.../Lo que haré mañana...»

Esta estrategia se basa en la constatación de que el reflejo por escrito de lo que se ha hecho en clase facilita la asunción de responsabilidades («hay que rendir cuentas»), además de permitir al alumno entrenar su fuerza de voluntad con la finalidad de cambiar hábitos de conducta negativos. En la tabla 15 vemos una modalidad de compromiso consistente en sustituir las conductas inconvenientes que se han producido en un día determinado por otras conductas adecuadas.

Tabla 15. *Lo que hice hoy, lo que haré mañana.*

Lo que hice hoy en clase		Lo que haré mañana en clase
	→	
	→	
	→	
	→	
	→	

El modo de aplicar esta estrategia consta de los siguientes pasos:

1. El profesor pide al alumno que anote en la columna de la izquierda de la tabla verbos o frases muy breves que describan las actividades más destacadas en que ha empleado su tiempo de clase: tomar apuntes, hablar con los compañeros, atender, gastar bromas...
2. A partir del análisis de las acciones anotadas por el alumno, el profesor puede confrontar si lo reflejado en la tabla se corresponde o no con lo que realmente hizo:
   a) Si lo anotado por el alumno coincide con lo observado realmente por el profesor y contiene acciones anómalas, se pide al alumno que sustituya cada verbo inconveniente por otro de trabajo, y se refuerzan y reconocen en los días siguientes los cambios conseguidos. Por ejemplo:

Tabla 15. *(Continuación)*

Lo que hice hoy en clase		Lo que haré mañana
Mirar por la ventana	→	Sentarme lejos de la ventana
Hablar con Carlos	→	Sentarme en otro sitio
Atender a la explicación del profesor	→	Lo mismo
Leer una revista	→	No traer revistas a clase
Estar sin hacer nada	→	Hacer los ejercicios

b) Si lo anotado no coincide con lo observado, y el alumno ha anotado frases que reflejan que ha estado trabajando, no siendo verdad, se pueden adoptar dos posturas:
   - Modificar el listado del alumno, anotando el profesor lo que realmente ha estado haciendo el alumno, y emplazarle a sustituir los verbos, tal como se ha descrito.
   - Admitir irónicamente y con un gesto de complicidad la versión del alumno (aun sabiéndola incierta) con una sonrisa que denote que estamos enterados de la realidad, y emplazar al alumno a continuar con las conductas anotadas («efectivamente, hoy has estado todo el tiempo trabajando tal como dices; mañana los dos comprobaremos atentamente que sigues en la misma línea»). Al día siguiente se procura estar más atento al alumno y se va verificando de vez en cuando el cumplimiento por parte del alumno del listado del día anterior, reforzando desenfadadamente las mejoras observadas.

Diario del alumno (revisado por los padres)

El alumno anota en una agenda, de forma muy breve, mediante cuatro o cinco frases, lo que hace cada día en clase, incluyendo tanto conductas positivas (tareas realizadas, atención a las explicaciones...) como negativas (ausencia de trabajo, falta de atención, interferencias a la clase...). El profesor revisa esporádicamente lo anotado por el alumno, verificando si se ajusta a la realidad y comprobando que los padres van firmando regularmente.

El diario, custodiado por el alumno y revisado periódicamente por el profesor, permite a éste ayudar al alumno en la sustitución de los verbos que indiquen conductas anómalas, para lo que se puede utilizar la técnica de «cambiar verbos», explicada anteriormente.

Autoinstrucciones del alumno (marcarse un propósito)

El profesor sugiere al alumno la posibilidad de cambiar una conducta inadecuada de forma autónoma, como alternativa a la aplicación de posibles sanciones. El alumno se marca un propósito para clase, lo comunica al profesor y le pide que controle si lo lleva a cabo, estableciendo las consecuencias del incumplimiento (y si no…), así como las de su cumplimiento (y si sí...). Si el alumno consigue realizar el propósito marcado, se puede aprovechar el efecto motivador para sugerirle que se marque otro objetivo algo más ambicioso y entre así en una dinámica de ejercicio de su fuerza de voluntad. Si no cumple el propósito, se puede dar una segunda oportunidad (si el alumno está decidido a volver a intentarlo) o bien rebajar el propósito para hacerlo más accesible. Si se ve claramente que el alumno no está dispuesto a efectuar el propósito, se aplica la consecuencia acordada.

Contrato de conducta o rendimiento

Consiste en un acuerdo asumido por el alumno ante el profesor y otras personas que actúen como garantes (pueden ser los padres, un directivo o cualquier otro profesor), en el que se compromete a realizar o cambiar determinadas conductas. Puede ser *verbal* (para conductas rutinarias de poca gravedad) o *por escrito* (para conductas de mayor gravedad), y su duración puede variar en función de las circunstancias, aunque lo idóneo son cinco días, prorrogables a otros cinco, sin que deba alargarse por más tiempo. Debe referirse a conductas concretas, alcanzables con un esfuerzo razonable y comprensibles para el alumno.

Deben estar especificadas de antemano las consecuencias de su incumplimiento (y si no…), las cuales deben ser efectivas y disuasorias, y no se debe negociar una vez se haya incumplido el acuerdo: se debe exponer el incumplimiento y hacer cumplir la consecuencia prevista de forma automática. Al igual que en el caso del incumplimiento, deben derivarse consecuencias gratificantes si se ha llevado a cabo el compromiso (y si sí…), algo que se suele olvidar a menudo y que es imprescindible si queremos consolidar los cambios deseados.

En la tabla 16 (p. 72) se presenta un modelo de contrato cuyo objetivo es un cambio de conducta, pero también puede utilizarse para conseguir una mejora en el rendimiento académico del alumno. En dicha tabla se pueden observar los elementos que lo componen:

- Conducta objeto del contrato.
- Duración del contrato.
- Consecuencias del incumplimiento.
- Garantes del contrato.

Tabla 16. *Contrato de conducta (o de rendimiento).*

CONTRATO DE CONDUCTA

__________, alumno del grupo ______

Me comprometo a: __________

____

y a presentar este compromiso al final de cada clase al profesor/a: ______

__________,

que lo firmará si se ha cumplido el compromiso (en caso contrario, anotará el motivo de no firmar).

Si no cumplo este compromiso, se derivarán las siguientes consecuencias:

- __________
- __________

Al cumplir cinco días se entregará este compromiso, con las firmas, a:

Jefe de estudios, Padres, Tutor,

Firma del alumno/a, El profesor, El garante,

SEGUIMIENTO DEL CONTRATO

Día 1.º:	**Día 2.º:**	**Día 3.º:**	**Día 4.º:**	**Día 5.º:**
Firma,	Firma,	Firma,	Firma,	Firma,
Observaciones	Observaciones	Observaciones	Observaciones	Observaciones

Aplazamiento de medidas

Desde una perspectiva proactiva de la disciplina (resolver el conflicto futuro, no el pasado), conviene a veces aplazar las medidas disciplinarias que se hayan decidido, y ligar la aplicación de las mismas a la conducta futura del alumno. Así, aplazando las intervenciones anunciadas, se traspasa al alumno la responsabilidad de decidir si se aplican o no las medidas sancionadoras. El aplazamiento sólo se efectúa si el alumno se compromete y hace una petición expresa de aplazamiento, mostrando intención de cumplir el compromiso.

Un ejemplo de aplazamiento podría ser el siguiente:

> «Como consecuencia de tu conducta, la sanción que te corresponde es .... Se va a aplicar. No obstante, si estás dispuesto a intentarlo, podemos posponer la sanción dos semanas, si te comprometes a cambiar de conducta. Si realmente la conducta desaparece, sustituiremos la sanción por una nota de felicitación dirigida a tus padres. Pero si la conducta persiste, añadiremos a la sanción el agravante de haber incumplido el compromiso con el profesor.»

El aplazamiento se puede utilizar con cualquier medida sancionadora que se tenga que aplicar, desde una nota informativa a los padres hasta la apertura de un expediente disciplinario. No hay que confundirla con la demora en la aplicación de sanciones, ya que en este caso la medida sancionadora pierde la efectividad de la inmediatez, al creer el alumno que no le va a ocurrir nada, mientras que con el aplazamiento el alumno sabe que la sanción se va a aplicar y está vigente, sólo que él tiene la oportunidad de anularla.

Conviene durante el tiempo de aplazamiento (que no debe ser inferior a una semana ni superior a dos semanas) hacer un seguimiento atento de la marcha de los acontecimientos y prestar ayuda al alumno, si la necesita. Para ello se deben intercambiar mensajes con cierta frecuencia: «la cosa va mejor», «veo que lo estás intentando», «un esfuerzo más y lo consigues...».

Principio de Premack (alternancia de actividades obligatorias y agradables)

El principio de Premack afirma que cuando una tarea obligatoria y poco agradable (de baja probabilidad de aparición) va seguida de otra tarea agradable (de alta probabilidad de aparición), ésta aumenta la probabilidad de aparición de la primera.

Una aplicación práctica en el aula de este principio consiste en pactar con los alumnos períodos de actividades obligatorias que irán seguidas de pequeños períodos en los que se pueden dedicar a actividades que les agraden. Este principio puede ser de gran utilidad en la programación de las secuencias de actividades, ya que nos indica la conveniencia de programar, cuando la secuencia lógica de los contenidos lo permita, las actividades más agradables a continuación de las más áridas, pues la expectativa de la actividad agradable puede servir para mejorar los índices de rendimiento y atención en la primera tarea.

Asamblea de clase: los compromisos colectivos

Cuando en un problema es toda la clase la que se ve afectada, una posibilidad es plantear el conflicto y buscar soluciones mediante un debate colectivo que incluya al profesor y a todos los alumnos, con la finalidad de adoptar compromisos colectivos para reconducir la situación. Para que la asamblea sea fructífera y se llegue a soluciones efectivas se tienen que cumplir algunos requisitos:

- El problema a debatir debe estar descrito de forma clara y comprensible.
- Deben hablar todos, lo cual dependerá en gran medida de la capacidad del profesor para evitar monopolios e imposiciones por parte de algunos alumnos, así como para provocar la intervención de los más reacios.
- Se debe centrar el debate en el planteamiento de propuestas, seguida de la posterior evaluación y selección de las mismas.
- Las soluciones deben ser aceptadas por todos, bajo los auspicios de una cultura de consenso y de tolerancia a las ideas ajenas, que fomente el sentimiento de grupo y la implicación de los alumnos en él.
- Las soluciones adoptadas se deben llevar a la práctica mediante un compromiso, y deben ser sometidas a una posterior evaluación y rectificación, si procede.
- Se debe controlar el tiempo de la asamblea, que debe ser limitado.
- Se deben cerrar los temas abiertos, evitando dejar cuestiones a medio tratar.

Una semana para cambiar

Sirve para consolidar cambios de actitud en un alumno cuyos problemas de conducta afecten a varias asignaturas y quiera intentar un cambio en su trayectoria.

Es un tipo de contrato en el que el alumno se compromete, durante una semana, a mantener una actitud positiva en tres aspectos: asistencia, trabajo y conducta.

Se puede utilizar la hoja que aparece en la tabla 17 (p. 76) previamente firmada por el alumno, el jefe de estudios o el tutor y los padres. El alumno, al final de cada clase, debe presentar la hoja al profesor, que firmará si ha mantenido una actitud positiva en asistencia, trabajo y conducta y, en caso contrario, el profesor anotará los motivos del incumplimiento. Al final de la semana, el alumno entregará la hoja al jefe de estudios, que adoptará medidas según se haya producido el cumplimiento o incumplimiento.

Conviene que se agote la duración del contrato (una semana), a pesar de que haya habido algún incumplimiento, pues lo importante es que el alumno persista en su propósito de mejorar, independientemente de las dificultades puntuales que se encuentre. Además, la hoja puede servir posteriormente al jefe de estudios para detectar si aparecen problemas puntuales con algún profesor concreto que merecerían otro tipo de actuación. Así, si solamente es un profesor el que ha manifestado incumplimiento, el jefe de estudios puede citar a dicho profesor y al alumno, y analizar conjuntamente los problemas que manifiestan ambos, llegando a soluciones consensuadas entre los tres (se puede utilizar la estrategia de las 3 R, descrita más adelante).

La próxima vez...

Se trata de un compromiso que asume el alumno de responder con una *conducta alternativa* cuando se vuelvan a dar las mismas circunstancias y antecedentes que han provocado una conducta improcedente en ocasiones anteriores. Tanto el profesor como el alumno deben estar especialmente atentos a «la próxima vez», ayudando el profesor, mediante algún gesto no verbal, a que el alumno actúe como prometió.

> «La próxima vez que (se den ciertas circunstancias), haré/no haré (conducta alternativa).»

Tabla 17. *Modelo de compromiso «Una semana para cambiar».*

UNA SEMANA PARA CAMBIAR

Sr/a. profesor/a: Te ruego firmes en la casilla correspondiente a tu clase, si el alumno ha mantenido una actitud positiva en puntualidad, trabajo y comportamiento. En caso contrario, anota en la casilla correspondiente el incumplimiento cometido.

Semana del: ________ de ________ al ________ de ________

Tiempo	Lunes	Martes	Miércoles	Jueves	Viernes
1.ª hora					
2.ª hora					
3.ª hora					
4.ª hora					
5.ª hora					
6.ª hora					
7.ª hora					

Consecuencias del cumplimiento	Consecuencias del incumplimiento

El alumno/a, El tutor (o el jefe de estudios), El padre/madre,

Moldeamiento

Es un plan de aproximaciones sucesivas a la conducta deseada. Como a menudo la distancia entre la conducta actual del alumno y la deseada es demasiado grande, con el moldeamiento se pretende salvar esa distancia mediante pequeños pasos progresivos que van acercando al alumno a la meta final. Para ello, hay que reforzar cada avance parcial, aunque haya errores o deficiencias, pues lo importante es que el alumno «lo intente» y entre en una dinámica de esfuerzo que le permita conseguir pequeños logros cada vez más próximos a la meta final.

La clase ayuda a...

Es una forma de implicar al grupo en la mejora del comportamiento de los alumnos problemáticos. La clase, con la presencia pasiva del profesor-tutor, decide en asamblea ofrecer su ayuda colectiva a los alumnos que la pidan. Se establece un turno entre los alumnos que solicitan el respaldo de sus compañeros, y cada día se ayuda especialmente a un alumno con problemas; ésta puede ser de tipo académico (asistencia en las tareas, aclaración de conceptos mal entendidos, etc.) o conductual (cumplimiento de normas, atención preferente, etc.). Al día siguiente se atiende a otro compañero, y así sucesivamente con todos y cada uno de los alumnos que han pedido ayuda. Al terminar la ronda se vuelve a empezar por el primero. Si algún alumno no aprovecha la ayuda de los compañeros y no muestra intención de mejorar, debe ser advertido por el profesor de su exclusión de la lista, que se llevará a cabo si no se producen cambios sustanciales en la actitud del alumno, procediéndose a la aplicación de otro tipo de medidas.

Realización voluntaria de tareas comunitarias

La realización de algunas tareas beneficiosas para el centro puede servir tanto para cumplir una sanción como para rebajar o eliminar faltas cometidas. Se apoya en la idea de que si el alumno asume voluntariamente llevar a cabo algunas tareas de interés común, al ser esto incompatible con la realización de conductas inapropiadas, la tendencia a persistir en los comportamientos disruptivos tendrá más probabilidades de extinguirse.

Las tareas comunitarias a realizar pueden ser muy diversas (mantenimiento de la clase, limpieza, etc.), pero es preferible, a ser posible, preguntar al alumno en qué quiere colaborar y que sea él el que elija una tarea y se responsabilice de ella. El reconocimiento del trabajo realizado ayudará a consolidar una actitud social de compromiso con la comunidad y de implicación en actividades colectivas.

Las 3 R (adaptación de Pallarés)

Es un procedimiento de mediación cuando se da un enfrentamiento entre dos alumnos, o bien entre un alumno y un profesor. El moderador da la palabra alternativamente a cada protagonista del conflicto de acuerdo con las siguientes fases:

1. *Resentimiento:* una de las personas expone los motivos por los que está molesto con el otro, que no puede interrumpirle ni interpelarle mientras esté hablando. A continuación, la otra persona muestra a su vez el resentimiento causado por la conducta del primero, sin interferencias por parte de éste.
2. *Reconocimiento:* las dos personas reconocen sucesivamente los aspectos en los que la conducta propia ha podido molestar al otro.
3. *Requerimiento:* cada uno dirige al otro una demanda o requerimiento que evite las molestias y descontentos futuros.

Observador neutral

Es otra modalidad de mediación útil para los casos en que los alumnos niegan la autoría de conductas inadecuadas o rebaten las advertencias del profesor. Se le ofrece al alumno la posibilidad de que un compañero le esté observando de vez en cuando durante las próximas clases y comunique al profesor y al alumno lo observado respecto a su comportamiento, tanto si es positivo como si es negativo.

El alumno observador puede ser:

- *Pactado* entre el profesor y el alumno.
- *Designado* directamente por el profesor con conocimiento del alumno.
- *Misterioso,* elegido por el profesor sin que el alumno sepa quién es.

Refuerzo diferencial

Consiste en afianzar alternativas incompatibles con la conducta que se quiere eliminar.

El agradecimiento por la atención prestada durante la clase, el comentario sobre lo bien que se ha trabajado en clase, expresar a los alumnos la satisfacción por el buen desarrollo de la clase, etc., pueden ser ejemplos de cómo incentivar las conductas perseguidas y extinguir las no deseadas, sin tener que recurrir a estrategias de castigo.

Modelado

Un gran número de conductas no se aprenden a partir de instrucciones verbales, sino mediante la observación de la actuación de un modelo (Bandura y Walters, 1963). Un modelo es un estímulo que tiene capacidad de influir en el observador. Así, un cantante o un actor de moda puede tener una gran capacidad para inducir actitudes y comportamientos en los adolescentes. El profesor tiene que compartir su capacidad de influencia con otros modelos muy potentes, como la televisión, Internet, amigos, la familia..., sabiendo que algunos de estos modelos pueden influir en dirección opuesta a la deseada por el profesor y, por tanto, contrarrestar su influencia.

El modelado permite al profesor usar la conducta propia (o la de algunos alumnos significativos) como modelo para inducir determinadas conductas en el alumno, por lo que debe tener especial cuidado en cumplir todo lo que exige a los demás: puntualidad, autocontrol, responsabilidad, respeto... Un profesor puntual induce a sus alumnos a ser puntuales; conseguir que un líder negativo cambie su actitud y se esfuerce en aprender propicia en sus compañeros vías de cambio, pero cuando hay contradicción entre lo que el profesor dice y lo que hace, es la conducta la que tiene mayor capacidad de influencia sobre los alumnos.

Aplicación silenciosa de consecuencias

Con esta estrategia se pretende educar a los alumnos en la responsabilidad, de forma que asuman las consecuencias de sus actos de la forma más natural posible. Para ello, se propone una especie de juego en el que se aplican las consecuencias establecidas previamente para cada incumplimiento de una norma. El desarrollo es el siguiente:

a. Se establecen por consenso algunas normas básicas de funcionamiento de la clase y las consecuencias de su incumplimiento, bien mediante la confección de un sencillo reglamento de clase, bien utilizando la técnica del caso.

b. Cada vez que un alumno incumple una norma tipificada, se aplica automáticamente la consecuencia determinada previamente, sin necesidad de advertir al alumno verbalmente. Cuando el alumno no aplica la consecuencia por sí mismo, el profesor puede hacer algún gesto que le indique que debe asumir las consecuencias de los actos realizados.

Reunión del equipo docente

El equipo docente (grupo de profesores que imparten clase a un mismo grupo de alumnos) necesitaría alguna hora en el horario semanal para tratar los problemas que diariamente aparecen en la clase, pero no se dispone de esa hora, lo que imposibilita la celebración de encuentros con una cierta regularidad. No obstante, a pesar de estos inconvenientes de comunicación entre los integrantes de un equipo docente, se hace de todo punto imprescindible que se celebre alguna reunión puntual cuando se hayan detectado problemas graves de rendimiento o conducta en un grupo, y éstos no puedan ser resueltos mediante intervenciones particulares de cada profesor.

Dada la dificultad para convocarlas por motivos logísticos, se deben evitar las reuniones colectivas para tratar problemas demasiado concretos, y sólo se deberían celebrar cuando se consideren necesarias por parte de la mayoría de los profesores del equipo.

La reunión del equipo docente, según se plantee y se lleve a cabo, puede ser eficaz y enriquecedora, o convertirse en un foco de discusiones y enfrentamientos, además de dejar los problemas sin resolver.

Algunas consideraciones pueden ayudar a que las reuniones sean eficaces:

1. Tener los *objetivos* claros al entrar a la reunión y tenerlos conseguidos al salir de la misma, para lo cual no deben ser demasiados ni excesivamente pretenciosos.
2. Controlar rígidamente el *tiempo* total de la reunión y repartirlo equitativamente entre las diferentes fases de la reunión, para evitar divagaciones y tener que tomar decisiones apresuradamente al final en pocos minutos.
3. Ser conscientes de que cualquier tipo de reunión debe contener dos partes bien diferenciadas: un *input* (recogida de aportaciones, intercambio de información) y un *output* (toma de decisiones, propuestas de actuación).

4. Existencia de un *moderador* que se ocupe especialmente de evitar: desviaciones del tema, monopolios e intervenciones extensas, repeticiones, críticas destructivas o silencios. Debe en cambio regular los turnos de palabra, resumir y concretar de vez en cuando, y enumerar los acuerdos que se vayan tomando, haciendo una sinopsis al final.
5. Las *fases* a seguir a título orientativo son:
   a. Introducción.
   b. Delimitación del problema a abordar.
   c. Intercambio de información.
   d. Propuesta de soluciones.
   e. Valoración y selección de las mismas: toma de decisiones.

Para reducir la duración de las reuniones, se pueden anticipar algunas de las fases enumeradas anteriormente y cubrirlas antes de su celebración, dejando para la reunión propiamente dicha sólo las fases de discusión de soluciones y la toma de decisiones. La tabla 18 (pp. 82-83) nos muestra un modelo de preparación de una reunión de un equipo docente para tratar problemas de conducta que permite avanzar el intercambio de información y la propuesta de soluciones.

ESTRATEGIAS PUNITIVAS

Son intervenciones que pretenden disminuir la probabilidad de una conducta problemática en el futuro gracias a la asociación de efectos que desagraden al alumno, bien mediante la retirada de estímulos agradables (ver la TV, salidas), o bien mediante la utilización de estímulos desagradables (realización de tareas suplementarias).

Son desaconsejables y deben ser el último recurso, porque suelen encubrir las conductas más que inhibirlas y provocan un deterioro de las relaciones profesor-alumno, cargándolas de resentimiento y agresividad. Además, los alumnos que sufren castigos con frecuencia se suelen habituar a los mismos, con la consecuente insensibilización y la adopción de actitudes tácticas para no ser descubierto. Por todo ello, y a pesar de que hay situaciones en que no queda más remedio que recurrir a ellas, se debería limitar su uso a las ocasiones siguientes:

- Cuando hay que detener una acción rápidamente.
- Cuando una conducta o actitud está obstaculizando significativamente los derechos de los demás y la convivencia.

Tabla 18. *Detección de problemas de rendimiento y conducta en un grupo (anverso).*

ANÁLISIS DE PROBLEMAS DE RENDIMIENTO Y CONDUCTA

El próximo ______ tendremos una reunión del equipo de profesores del grupo ___ para adoptar conjuntamente medidas que mejoren la marcha de las clases.

Para que la reunión sea operativa conviene concretar previamente la problemática que tiene cada profesor en su clase. Por este motivo os rogamos que contestéis la siguiente encuesta y la hagáis llegar al tutor.

Materia: ______________ Profesor: ______________

PROBLEMÁTICA GENERAL DEL GRUPO

- ☐ El grupo no presenta problemas de disciplina.
- ☐ El grupo presenta problemas de disciplina en general.
- ☐ Hay grupitos de alumnos que interfieren la marcha de la clase, pero el ambiente de la clase es positivo.
- ☐ Hay grupitos de alumnos que interfieren la marcha de la clase y el ambiente general es negativo.
- ☐ Hay grupitos de alumnos que no dejan dar la clase.

PROBLEMÁTICA INDIVIDUAL

Alumno	No quiere	No hace nada	No puede	Molesta	Agresivo	Familia (colabora/no colabora)

SUBGRUPOS NEGATIVOS (interfieren la marcha de la clase)

Subgrupo 1: roles	Subgrupo 2: roles	Subgrupo 3: roles	Subgrupo 4: roles

Tabla 18. *Detección de problemas de rendimiento y conducta en un grupo (reverso).*

PROPUESTAS		
Responsable	**Medidas que se están aplicando y grado de eficacia**	**¿Útil?: Sí/No**
Profesor		
Tutor		
Equipo docente		
Dirección/jefe de estudios		
Familia		
Otros:		
Otros:		
Otros:		
Observaciones (datos reseñables que quieras destacar):		

Medidas que propones para... (puedes sugerir medidas que se están utilizando y que van bien, u otras que crees que podrían funcionar)	
Profesor	
Tutor	
Equipo docente	
Dirección/jefe de estudios	
Familia	
Otros:	
Observaciones:	

- Cuando se hace daño intencionadamente a bienes ajenos o públicos.
- Cuando ya se ha intentado cualquier otro tipo de medidas y no han dado resultado.

Para atenuar los efectos negativos y aumentar su efectividad, el castigo ha de ser (Gotzens, 1997):

- *Avisado.* Debe ir precedido de una señal de aviso. Conviene recordar el aviso si es preciso en tono sereno y firme, sin tono amenazante.
- *Inmediato.* Para que sea efectivo ha de ser inmediato, pues el alumno puede así establecer la asociación conducta-consecuencia.
- *Disuasorio.* Debe extinguir (o al menos atenuar) la conducta problemática. Es su efecto de desagrado el que confiere al castigo su carácter disuasorio. Pero a veces un supuesto castigo es en realidad un premio para el alumno, pues obtiene atención y ocasión de cobrar protagonismo.
- *Consistente.* Siempre tienen que derivarse las mismas consecuencias ante las mismas conductas.
- *Mínimo.* Se debe aplicar el castigo de menor intensidad y duración posible, sin que deje de ser efectivo. Cuando se ha comprobado fehacientemente que hay un cambio sincero en la actitud del alumno y en las conductas consecuentes, se debe finalizar su aplicación, pues no tiene justificación su prolongación.
- *Razonado.* El motivo de la sanción debe aparecer de forma clara. Si no es así, conviene justificar brevemente por qué se aplica la sanción.
- *Acompañado por el refuerzo de conductas alternativas.* El castigo dice lo que no se debe hacer, pero se deben indicar opciones alternativas.

Aislamiento temporal en sala con tareas

Consiste en separar de la clase a un alumno que esté perturbando su desarrollo. Para ello, se desplaza al alumno, con tareas para realizar, a una sala (atendida por un profesor receptor, que puede ser un profesor de guardia). El profesor receptor no sermonea; simplemente, recibe al alumno y adopta las precauciones necesarias para que éste realice efectivamente las tareas.

Cuando el desplazamiento del alumno se va a prolongar más de una clase, es conveniente contar con la autorización previa de los padres.

Petición de los padres al centro de atención a su hijo durante un tiempo suplementario para realización de tareas no realizadas

La recuperación del tiempo perdido es una consecuencia natural que se puede aplicar para casos graves de alteración de conducta o de negativismo frente al trabajo escolar. Tiene el inconveniente de alterar el horario habitual del alumno y de generar efectos secundarios negativos, por lo que se debe aplicar sólo cuando los padres están plenamente de acuerdo con la medida, con lo cual se les implica en el control de la conducta de sus hijos, al aparecer como los solicitantes de la intervención.

En ocasiones será suficiente anunciar la futura aplicación de la medida para conseguir un cambio en la conducta del alumno, sobre todo si se asocia a la estrategia del aplazamiento, comentada anteriormente.

Un modelo de petición de los padres al centro para que atienda al alumno por un período suplementario de tiempo puede ser el reflejado en la tabla 19.

Desplazamiento con tareas a una clase de edad muy distante

Hay ocasiones en que el desplazamiento del alumno a otra sala supone un problema, al no haber profesores de guardia disponibles en ese momento. Una alternativa que puede paliar esta dificultad es la de desplazar al alumno, con tareas, a una clase cuyos alumnos sean mucho mayores o menores que él (por ejemplo, a un alumno de 2.º de ESO, desplazarlo a una clase de 2.º de Bachillerato), y que sea poco numerosa. Esta medida pretende evitar el efecto que el contexto suele ejercer sobre la conducta del alumno.

Tabla 19. *Modelo de solicitud de atención durante un tiempo suplementario.*

Por la presente le ruego que atienda a mi hijo/a ____________________ ____________ durante una hora más (de ________ a ________ horas) para que rea lice las tareas no completadas durante el horario habitual de clases. Firmado: ____________________

Expulsión de duración condicionada a la realización de tareas

La separación de un alumno del centro durante varios días debe ser una medida excepcional, aplicada por el Consejo Escolar o la Comisión de Convivencia, previa instrucción de un expediente disciplinario. Sólo debería recurrirse a esta medida cuando se hayan dado estas condiciones:

- Se han intentado todo tipo de medidas y no han dado resultado.
- Hay riesgo de que la actitud del alumno acabe generando problemas mayores.
- Se está perjudicando a otros alumnos en su rendimiento.
- Se está arrastrando a otros alumnos hacia conductas improcedentes.
- Se está deteriorando el clima de clase de forma importante.
- Se impide al profesor desarrollar la clase en condiciones adecuadas.

Esta medida extrema gana en efectividad cuando se introducen algunos matices en su aplicación:

- Se condiciona la duración de la sanción a la realización de una serie de tareas. Por ejemplo, una sanción de dos semanas de inasistencia a clase se puede reducir a una semana si ha realizado las tareas encomendadas en ese período y muestra una actitud sincera de cambio, con lo cual se da oportunidad al alumno de rectificar y a la familia de implicarse en la reducción de la sanción.
- Se procura implicar a los padres pidiéndoles que adopten alguna medida complementaria en casa que apoye las medidas que el centro haya tomado.
- Se recibe al alumno a la vuelta al centro y se mantiene una breve entrevista con él, al objeto de averiguar con qué actitud vuelve y qué intenciones tiene de cambiar su rumbo. La importancia de esta entrevista radica en la necesidad de disolver el posible resentimiento que pueda traer el alumno y convertirlo en intención de cambio, para lo cual conviene que la entrevista, además de breve, sea distendida y permita sustituir cuanto antes una relación autoridad sancionadora-alumno sancionado por otra basada en la empatía, la confianza y la intención de ayuda mutua:

  «Espero que a partir de ahora todo vaya mejor y no haya más problemas. Te voy a ayudar para que así sea, pero espero que tú me ayudes a mí. ¿Te consideras capaz de conseguirlo?... Gracias.»

EL CLIMA DEL CENTRO

Lo que ocurre en la clase no se puede explicar sin tener en cuenta lo que sucede a su alrededor. El centro educativo, como contexto inmediato, determina en alto grado las dinámicas que se producen en el aula, pero a su vez está inmerso en contextos más amplios que determinan el tipo de conductas que ocurren en el mismo (la ciudad, los amigos, los medios de comunicación, etc.). La coherencia entre las pautas de actuación del profesor dentro del aula y las normas generales del centro refuerzan la eficacia de la gestión de la convivencia.

Al hablar de resolución de conflictos, y a pesar de habernos centrado en los procesos del aula, debemos contemplar algunas variables que, perteneciendo al ámbito de gestión del centro, tienen una marcada influencia en los procesos internos de la clase. Un ambiente facilitador de la convivencia en los espacios comunes del centro facilita a su vez la convivencia dentro del aula: unos pasillos llenos de papeles invitan a tirar papeles al suelo de clase... Por lo tanto, no podemos obviar algunos aspectos que determinan el clima del centro y que, en consecuencia, influyen en el clima de la clase. Entre ellos podemos destacar los siguientes:

- Tener claras las prioridades.
- Anticiparse a los problemas.
- Establecer normas eficaces.
- Derivar problemas que excedan del ámbito escolar.
- Implicar a las familias.

TENER CLARAS LAS PRIORIDADES

Hay una infinidad de decisiones a tomar en un centro educativo, todas convenientes, pero no todas igual de importantes. No se puede responder con la misma intensidad y dedicación a todos los requerimientos que se presentan cada día, por lo que hay que centrarse en algunas decisiones estratégicas que mejoren significativamente el clima del centro.

Ahora bien, ¿cómo determinar qué es lo prioritario? Se puede llevar a cabo de forma intuitiva mediante una valoración, pero hay otras formas más operativas y objetivas de hacerlo.

Vamos a ver aquí tres procedimientos para priorizar necesidades:

- Criterio de Kaufmann.
- Técnica de los tres procesos.
- Las ideas-guía.

Criterio de Kaufmann

Uno de los procedimientos para determinar prioridades es la aplicación del *criterio de Kaufmann* (citado en Zabalza, 1995), consistente en comparar el coste de realización de una actuación en un problema dado con el coste de su olvido. Se tienen por tanto en cuenta dos variables:

- *Coste de realización:* es la cantidad de esfuerzos y recursos que hay que invertir en un proceso. Depende de la cantidad de personas que se deben implicar, el tiempo de implicación de las mismas y la carga de trabajo que va a suponer. Teniendo en cuenta que la carga global de trabajo de los profesores de un centro es más o menos constante, concentrar los esfuerzos en una tarea costosa es obvio que va a restar atención a otros procesos. Emprender una tarea costosa de realizar sólo será rentable si el problema que se pretende resolver es absolutamente prioritario. En la tabla 20 se catalogan las medidas atribuyéndoles tres posibles valores en cuanto a su coste de realización: alto, medio y bajo.
- *Coste de olvido:* indica lo que supondría dejar el problema sin resolver. Hay aspectos del funcionamiento de un centro en que, a pesar de la conveniencia de abordar un problema, dejarlo sin resolver no afecta significativamente a la institución escolar al no tratarse de una cuestión crucial. La tabla 20 permite asignar a las actuaciones tres posibles valores en cuanto a su coste de olvido: alto, medio y bajo.

La comparación del coste de realización con el coste de olvido permite ubicar cada proceso dentro de un continuo que va desde los procesos prioritarios (de bajo coste de realización y alto coste de olvido) hasta los netamente desaconsejables (de alto coste de realización y bajo coste de olvido).

Una forma de aplicar el criterio de Kaufmann en un centro educativo es siguiendo las siguientes fases:

1. *Lluvia de ideas.* En una reunión colectiva (de Claustro, comisión, Consejo Escolar, Junta Directiva...) se hace una enumeración de los principales problemas del centro y de medidas posibles para

resolverlos mediante una lluvia de ideas. En esta fase no se hace ningún tipo de valoración sobre la importancia de los problemas o sobre la eficacia de las medidas propuestas para solucionarlos.

2. *Aplicación del criterio de Kaufmann.* Para cada medida propuesta se compara el coste de realización (el esfuerzo que supondría llevarlo a la práctica) con el coste de olvido (lo que nos supondría dejar el problema sin resolver) y, de acuerdo con la valoración hecha, se ubica cada medida propuesta en una de las casillas de la tabla 20, según el siguiente criterio:
   - *Celdas marcadas con un 1:* contienen los procesos a abordar con absoluta prioridad y urgencia, por ser relativamente sencillos de acometer y resolver problemas de gran importancia.
   - *Celdas marcadas con un 2:* procesos abordables cuanto antes, aunque no prioritarios.
   - *Celdas marcadas con un 3:* procesos a tener en cuenta, siempre que se simplifiquen las estrategias a aplicar, para disminuir su coste de realización.
   - *Celdas marcadas con 4, 5 o 6:* se trata de actuaciones tendentes a resolver problemas secundarios que, si se dejan sin resolver, no afectan significativamente al funcionamiento del centro. Sólo se deben acometer si los problemas prioritarios están resueltos.
3. *Toma de decisiones.* Se priorizan las intervenciones ubicadas en las casillas marcadas con un 1, seguidas de las marcadas con un 2, y así sucesivamente. Se posponen, hasta que los problemas prioritarios estén resueltos, las medidas ubicadas en las casillas 4, 5 y 6.

Tabla 20. *Priorización de necesidades según el criterio de Kaufmann.*

		Coste de olvido		
		Alto	**Medio**	**Bajo**
Coste de realización	**Alto**	2	3	6
	Medio	1	3	5
	Bajo	1	2	4

Técnica de los tres procesos

Mediante una breve encuesta, se pide a los miembros de un colectivo (Claustro, padres, Consejo Escolar, alumnos) que manifiesten:

- Tres procesos que funcionan bien en el centro.
- Tres procesos que funcionan deficientemente.
- Tres propuestas de mejora.

Realizado el resumen de las consultas, se mantienen los procesos que la mayoría valora bien, se rectifican los valorados negativamente y se intentan llevar a cabo las propuestas de mejora, si se consideran adecuadas.

Este procedimiento tiene la ventaja de su simplicidad y economía, y es especialmente útil para dar los pasos iniciales a la hora de acometer procesos de mejora institucional, siendo una técnica que, a pesar de su sencillez de aplicación, permite detectar con aceptable fiabilidad las virtudes y defectos más reseñables de un centro, aunque debe complementarse con otros procedimientos más amplios y rigurosos.

Las ideas-guía

Las ideas-guía son los conceptos fundamentales que orientan todas las actuaciones de un centro educativo hacia la consecución de sus fines y determinan el clima del mismo.

Las ideas-guía se pueden referir a:

- Grandes propósitos: fines y objetivos prioritarios a conseguir.
- Principios a seguir.
- Conductas colectivas estratégicas y fundamentales.

Las ideas-guía se deben plasmar en unas pocas frases que permitan distinguir claramente las intenciones reflejadas en ellas y las actuaciones requeridas para que se alcancen.

Inspirada esta estrategia en la filosofía del trabajo por objetivos, pero aplicada de manera más informal y sobre todo sencilla, tiene también relación con las ideas subyacentes en el *diagrama de Pareto,* que afirma que el 20% de las causas resuelve el 80% de los problemas, si el 20% de causas son las más relevantes.

Algunos ejemplos de ideas-guía pueden ser:

- Que todos los profesores hagan las guardias adecuadamente.
- Que no haya alumnos en los pasillos en horas de clase.

- Que el centro mantenga contactos regulares con todas las familias.
- Reducir al mínimo el papeleo burocrático.
- Reducir los índices de fracaso escolar.
- Reducir las faltas de respeto al 0%.

ANTICIPARSE A LOS PROBLEMAS: PLANIFICAR LA DISCIPLINA

El conflicto mejor resuelto es el que se evita mediante medidas preventivas. Prevenir es anticiparse. Para anticiparse hay que conocer qué va a suceder, cuándo y dónde. Muchos problemas futuros se pueden prever por haber ocurrido en años anteriores en circunstancias similares, pues hay momentos y espacios especialmente propicios a la aparición de conflictos. Como dice Gotzens (1997), nadie espera ver fracasar a un alumno para organizar la intervención. Por lo tanto, tampoco debemos esperar a que aparezcan los problemas de conducta para empezar a decidir cómo actuar.

Las medidas preventivas no han de ser un cúmulo inconexo de recetas, sino que deben formar parte de un diseño coherente y planificado por parte del centro que prevea las futuras situaciones conflictivas y determine los procedimientos más adecuados para evitarlas, y si esto no fuera posible, resolverlas una vez aparecidas con la máxima eficacia y celeridad. Esta coherencia necesaria puede aportarla el diseño de un Plan de Gestión de la Convivencia, que regule los procesos a emprender para resolver los conflictos que aparezcan y los responsables de llevarlos a cabo. El Plan de Gestión de la Convivencia, frente a la visión propuesta en los Reglamentos de Régimen Interno (basados sobre todo en principios excesivamente teóricos y cargados de lugares comunes, enumeración de faltas y relación de las sanciones correspondientes), se apoya fundamentalmente en dos pilares, tabla 21 (p. 92):

- Principios de actuación. Deben guiar cualquier procedimiento de intervención que se aplique.
- Procedimientos de intervención. Deben ser sencillos, rápidos, poco burocráticos y que eviten sobrecargas de trabajo innecesario.

Propuesta de un Plan de Gestión de la Convivencia

A título de ejemplo, se propone un Plan de Gestión de la Convivencia ajustado a los siguientes *principios de actuación:*

- Eficacia: que evite y resuelva problemas de convivencia.
- Economía: que utilice el mínimo de burocracia, de personas y de tiempo en la resolución de los problemas.
- Proactividad: pretende resolver los problemas futuros, más que los pasados.
- División equitativa del trabajo: reparte la carga de intervención en los conflictos entre el profesor, el tutor, el jefe de estudios y los padres.

Tabla 21. *El Reglamento de Régimen Interno y el Plan de Gestión de la Convivencia.*

Reglamento de Régimen Interno	Plan de Gestión de la Convivencia
En la práctica, lo fundamental es la tipificación de faltas y sanciones	En la práctica, lo fundamental son los principios de actuación y los procedimientos de intervención
Aparecen con igual importancia las faltas muy habituales y las de escasa frecuencia	Se resaltan las faltas más persistentes y las que alteran en mayor medida la convivencia en un centro
Se actúa sobre faltas aisladas	Se actúa sobre rumbos o trayectorias de los alumnos

El plan, que pretende ser sencillo y fácil de aplicar, se basa exclusivamente en dos *procedimientos* (tabla 22).

Tabla 22. *Plan de Gestión de la Convivencia.*

Procedimiento	Indicado para...
Enterado de los padres	Problemas de conducta puntuales no muy graves, que no necesitan ser comunicados a otros miembros del equipo docente
Hoja de incidencias	Problemas relevantes que conviene comunicar a otros miembros del equipo docente

Enterado redactado por los padres

Consiste en pedir al alumno una nota *redactada por sus padres* en la que manifiestan estar enterados del comportamiento de su hijo. Es conveniente que el profesor describa al alumno la conducta objeto del enterado de forma literal, observable y concreta, para que él a su vez así se lo indique a sus padres. No se debe perder de vista que lo importante no es tanto el contenido del enterado como el hecho de que los padres tengan que redactarlo y que el alumno tenga por lo tanto que explicar la conducta detalladamente a sus padres, con lo que el efecto es mayor.

Las *ventajas* que presenta frente a las tradicionales amonestaciones son:

- Reduce notablemente la burocracia, al no tener los profesores o la Dirección que rellenar ningún impreso.
- Implica a los padres, que se tienen que corresponsabilizar de las conductas de sus hijos.
- Aumenta notablemente la eficacia, pues el tener que reflejar lo ocurrido por escrito les sensibiliza más y les mueve a adoptar medidas por su cuenta para evitarlo en un futuro.
- Es rápido y económico (intervención mínima).

Conviene observar dos precauciones en su aplicación:

- Advertir al alumno de las consecuencias agravantes de una posible falsificación.
- Recoger el enterado pedido a toda costa. Si el alumno es reacio a traerlo o argumenta no haberse acordado, hay que tener previstas otras medidas.

Un ejemplo podría ser el siguiente (tabla 23):

Tabla 23. *Modelo de enterado redactado por los padres.*

Quedo enterado de que mi hijo/a ______ en la clase de ______ ha estado molestando continuamente a sus compañeros.

Agradezco me haya informado y le comunico que, tras haber hablado con él, asegura que no volverá a ocurrir. Nosotros, por nuestra parte, ya hemos tomado algunas medidas.

Le ruego me informe si vuelve a incurrir en la misma conducta u otras similares. Atentamente,

______________, ________ de ______________ de ________

Firmado: ______________________

Hoja de incidencias

Es un impreso en el que se van anotando todas las incidencias reseñables que van ocurriendo en una clase a lo largo del curso. Pueden ser incidencias negativas o positivas, pero deben cumplir el requisito de ser dignas de ser comunicadas a los otros profesores del grupo.

Las cualidades que la hacen eficaz, frente a un sistema basado en las amonestaciones, son las siguientes:

- Permite una *comunicación* rápida y fácil entre los componentes de un equipo docente, atenuando un déficit estructural de los centros de Primaria y Secundaria: no hay un marco de comunicación entre los profesores que dan clase a un mismo grupo. Mediante la hoja de incidencias, cada profesor tiene disponible información de los otros miembros del equipo docente. No tiene pues carácter punitivo, sino informativo.
- Es una medida muy *económica* en papeles (una única hoja por grupo) y carga de trabajo (no se actúa sobre cada queja, sino sobre trayectorias o rumbos negativos de los alumnos).
- Permite una reacción *rápida,* pues semanalmente se revisa la situación del grupo y se interviene si es necesario.
- Permite la *despersonalización de los conflictos,* al evitar que cada profesor tenga que enfrentarse al alumno después de cada conducta problemática, lo cual puede ser un suplicio para algunos de ellos. Mediante la hoja de incidencias, es el centro el que actúa despersonalizadamente, a través de los órganos correspondientes, pero no después de cada conducta, sino sobre los rumbos o trayectorias negativas detectadas.
- Permite una *división equitativa del trabajo,* frente a otros procedimientos que sobrecargan de trabajo a algunos puestos. Este procedimiento distribuye las cargas entre varios puestos: el profesor hace un poco (anotar la incidencia), el tutor hace otro poco (pasar las incidencias a la hoja resumen y decidir cuándo hay que actuar tomando medidas) y el jefe de estudios hace otro poco (decidir cuándo hay que actuar adoptando medidas, de acuerdo con el tutor).
- Este procedimiento permite, además, *extraer abundante información* sobre el rendimiento y la conducta del grupo a partir del análisis de la hoja resumen a diferentes niveles:
  – *Análisis individual:* nos detalla el número de quejas por cada alumno y nos marca el rumbo del mismo.

– *Análisis grupal:* nos indica el nivel de conflictividad del grupo, que viene dado por el número de quejas totales.
– *Análisis del profesorado:* nos permite comparar el número de quejas anotadas por un profesor con las anotaciones de otros profesores, y detectar los problemas de conducción de la clase que pueda tener algún profesor determinado, si se comprueba que supera de forma ostensible a los demás en anotaciones negativas.

El *material* a utilizar consta de dos hojas para cada grupo:

- La *hoja de incidencias,* ubicada en un lugar accesible de la sala de profesores, en la que se anotan las incidencias significativas que ha habido a lo largo del mes. Como se puede ver en la tabla 24, contiene varias columnas: una para el nombre del alumno, otra para las incidencias, otra para la fecha y otra para el nombre del profesor o la asignatura.

Tabla 24. *Hoja de incidencias.*

HOJA DE INCIDENCIAS			
Grupo:	Mes:	Hoja núm.:	
Alumno	**Incidencia**	**Fecha**	**Profesor**

- La *hoja resumen anual* (tabla 25), custodiada en Jefatura de Estudios, que contiene el listado de alumnos (en la columna de la izquierda), seguido de una serie de casillas donde se anotan el total de las incidencias del año, sintetizadas únicamente mediante la abreviatura de las asignaturas donde se han dado las incidencias.

Tabla 25. *Hoja resumen anual de incidencias.*

HOJA RESUMEN DE INCIDENCIAS									
Anota de forma abreviada la asignatura en que se ha dado la incidencia (ejemplo: MAT., FQ...)					Grupo:				
Nombre del alumno	**Asignaturas (en las que ha habido quejas)**								

El procedimiento de aplicación es el siguiente:

1. El *profesor,* cuando tiene una queja o hecho positivo reseñable por su persistencia o intensidad, la anota en la hoja de incidencias.
2. El *tutor,* semanalmente, transfiere las quejas anotadas a la hoja resumen, en la que anota únicamente las iniciales de cada materia

donde se ha dado la incidencia (MAT., FQ...). Cuando detecta una trayectoria negativa debido al número de incidencias acumuladas por un alumno y considera necesaria su corrección, propone al jefe de estudios la adopción de medidas. Cualquier profesor del grupo tiene acceso a la información en todo momento y puede pedir también la aplicación de medidas al tutor o al jefe de estudios, si lo considera oportuno.

3. El *jefe de estudios* supervisa regularmente las hojas resumen y propone la adopción de medidas al órgano pertinente previa comunicación al tutor.

ESTABLECER NORMAS DE CENTRO EFICACES

La existencia de normas en un centro no es garantía de que se cumplan ni de que estén regulando adecuadamente la convivencia entre los miembros de la comunidad escolar. Es el cumplimiento de las mismas y la verificación de que su realización mejora el clima del centro lo que las hace eficaces. La eficacia de las normas de un centro depende en gran medida de que cumplan algunos de los siguientes requisitos:

- *Evitan/resuelven los problemas prioritarios del centro.* Las normas regulan adecuadamente las conductas significativas, es decir, las que tienen una influencia relevante en el clima del centro.
- *Son pocas y claras.* Si hay una larga lista de normas, se corre el riesgo de que queden camufladas las más importantes entre otras de menor importancia. Lo fundamental es que se contemplen las conductas problemáticas más recurrentes, para lo cual probablemente basten unas pocas normas. Siempre quedará el recurso de añadir una norma nueva si aparece un problema no tipificado previamente. Deben estar redactadas en un lenguaje sencillo y comprensible para todos los alumnos, y deben referirse a conductas concretas y de fácil identificación.
- *Son conocidas y aplicadas por todos.* La difusión a todos los profesores, a los alumnos y a las familias será más fácil cuando se cumple el requisito anterior, es decir, hay sólo unas pocas normas y son claras. Conviene difundirlas por escrito a los profesores en la primera reunión del curso académico mediante una hoja resumen, breve y clara, que permita a los nuevos profesores conocerlas, y a los demás, recordarlas. Además de la difusión por escrito,

conviene que sean comentadas por el equipo directivo para asegurar la ausencia de dudas en cuanto a su puesta en práctica. Pero no basta con su conocimiento; deben ser cumplidas por todos, y todos deben velar por su cumplimiento, pues una norma incumplida sistemáticamente suele ser más contraproducente que la ausencia de la misma.

- *Se establecen por consenso.* Las normas están consensuadas y aceptadas por todos los estamentos de la comunidad escolar, para evitar posteriores discusiones y la consecuente sensación de inoperancia al estar continuamente revisando las mismas reglas infructuosamente. Es especialmente importante que los componentes del Claustro de profesores acepten los principios y procedimientos adoptados y se comprometan a su aplicación.
- *Los procedimientos de intervención son claros e inequívocos.* Todos conocen con claridad cómo se aplican las normas y quiénes son los responsables de aplicarlas. Los procedimientos deben ser sencillos y rápidos, y con las funciones de cada uno perfectamente delimitadas, procurando resolver los problemas con la intervención más simple y con la menor burocracia posible, a fin de ganar efectividad.
- *Están previstas las consecuencias del incumplimiento de las normas, y se aplican.* Cada norma debe llevar aparejada la consecuencia de su incumplimiento, y dicha consecuencia debe ser aplicada en todos los casos. Que los alumnos aprendan a asumir las consecuencias de sus actos les ayudará a desarrollar su capacidad de autocontrol, que les permitirá regular sus conductas de acuerdo con las normas colectivas, no tanto por el temor al castigo, sino por la superación efectiva del egocentrismo afectivo. Se ayuda de esta manera al desarrollo personal de los alumnos, favoreciendo en ellos una personalidad cada vez más autónoma, guiada por valores autónomos y la capacidad de autocontrol.
- *Las faltas leves se resuelven sin burocracia.* Las faltas leves las resuelve el profesor (sin intervención de nadie más) con celeridad y sin papeles ni discusiones, dedicándoles el mínimo tiempo necesario y evitando premiar con atención negativa las conductas que se quieren extinguir.
- *Se hace un seguimiento regular de la eficacia de las normas.* Periódicamente se verifica si las normas se están cumpliendo y si están contribuyendo a la mejora del clima del centro. Si es necesario, se añaden otras normas que regulen conductas no previstas con ante-

rioridad, se eliminan las normas ineficaces o de poco uso y se modifican las normas mejorables.

Si se comprueba un incumplimiento generalizado de las normas, se debe replantear la situación en una reunión de profesores, con dos objetivos a conseguir inexcusablemente:

- Unificar criterios, mediante consenso.
- Obtener un compromiso total para su aplicación.

DERIVAR PROBLEMAS

En un centro educativo hay una parte de conflictividad, ligada generalmente al fracaso académico y la desmotivación, que puede ser abordada mediante procesos exclusivamente escolares, pero hay problemas más complejos que tienen su raíz en causas no escolares y que no pueden ser afrontados en solitario por un centro educativo: problemas familiares, de salud mental, de delincuencia, de marginación social, etc. Este tipo de conflictos requiere tener previsto un plan de derivaciones hacia las diferentes instituciones que puedan ayudar en la resolución de dichos problemas específicos.

El plan de derivaciones debe contemplar un contacto inicial antes de empezar el curso con las personas responsables de cada servicio y el teléfono al que dirigirnos en cada caso. Algunos teléfonos de servicios indispensables son los siguientes:

- *Servicios psicopedagógicos* que hayan podido tratar a nuestros alumnos en etapas educativas anteriores (municipales, de zona...).
- *Servicios sociales municipales:* pueden informar de la problemática familiar y de otras circunstancias personales.
- *Policía:* útil para colaborar en prevención de conductas delictivas, absentismo...
- *Centro de salud:* para recabar posibles problemas médicos. El departamento de Salud Mental puede ser de especial utilidad para obtener pautas de atención a alumnos con problemas psicológicos graves.
- *Centros escolares de procedencia de los alumnos:* si proceden de otros centros de la localidad o comarca, nos pueden informar de datos académicos y personales de utilidad.
- *Concejalías* relacionadas con el mundo escolar: Educación, Cultura, Seguridad Ciudadana...

PRESTAR ATENCIÓN PREFERENTE A LOS MOMENTOS Y ESPACIOS ESTRATÉGICOS

La mayoría de problemas de conducta son bastante previsibles, pues suelen aparecer año tras año en los mismos lugares y momentos, por lo que se podrían evitar muchos de ellos prestando una atención preferente y anticipatoria a los espacios y momentos en que suelen ocurrir (tabla 26).

Algunas medidas preventivas que se pueden adoptar en relación con los espacios y momentos estratégicos son:

- *Distribución adecuada de los grupos en el centro.* La dispersión de grupos del mismo nivel, especialmente los de mayor riesgo, así como la disminución de los desplazamientos son dos de las variables a contemplar a la hora de distribuir los grupos en el centro.
- *Conversión de las rutinas perturbadoras en hábitos positivos.* Las rutinas, entendidas como aquellas situaciones que se repiten con frecuencia a lo largo del curso (retrasos al entrar a clase, salidas a los aseos, estancias en los pasillos...), pueden ayudar a crear un clima

Tabla 26. *Hoja resumen anual de incidencias.*

Momentos estratégicos	Espacios estratégicos
Entrada a clase a primera hora	Patios
Salida tras la última hora de clase	Rincones exteriores
Recreos: entradas y salidas	Aulas específicas (Informática, Plástica...)
Transiciones entre clases	Bar
Desplazamientos a aulas específicas	Pasillos
Ausencias de un profesor	Aparcamientos de motos
Actividades extraescolares	Vallas exteriores
Vísperas de fiestas, vacaciones, etc.	Aseos
Períodos pre y post-evaluaciones	Lugares de concentración de absentistas

de convivencia positiva, si son hábitos positivos, pero también nos podemos encontrar con rutinas perturbadoras que dificultan o impiden un desarrollo adecuado de la clase. Se debe prestar especial atención a la formación de rutinas perturbadoras, y procurar reconvertirlas en rutinas o hábitos positivos. Así, por ejemplo, si a principios de curso un determinado rincón del patio se prevé que se va a convertir en foco de reunión de alumnos absentistas o de actividades prohibidas, conviene anticipar una presencia activa o próxima al espacio en cuestión, con lo cual el centro se adelanta a los futuros problemas, evitando mejor que resolviendo problemas. Además, hay que tener en cuenta que las rutinas, al ser conductas frecuentes, tienen una gran incidencia en el clima del centro o de la clase, por lo que la reconducción de las que son perturbadoras permite a los alumnos adquirir hábitos de autocontrol, siendo las primeras semanas de curso las de mayor importancia, por ser el período en que se consolidan tanto las rutinas positivas como las negativas.

- *Puntualidad de profesores y alumnos* al entrar y al salir de clase. La impuntualidad habitual de algunos alumnos es una de las rutinas a resolver prioritariamente, pues en caso contrario genera muchas interrupciones durante el curso. Pero la impuntualidad del profesor aún genera mayores problemas, al dejar a muchos alumnos sin control alguno, con lo que las probabilidades de que aparezcan conductas disruptivas aumenta considerablemente.

Ante la impuntualidad de los alumnos conviene:

– *Cuando el retraso es aislado:* soslayar, es decir, dejar que pase sin interrumpir la clase.

– *Cuando los retrasos son reiterados:* pedir al alumno un enterado (nota redactada por los padres en la que manifiestan estar enterados de los retrasos) o aplicar de forma automática lo establecido en las normas de clase. No es conveniente adoptar medidas que refuercen los retrasos más que inhibirlos, tales como:
  - Dejar entrar al alumno sin más.
  - Impedir la entrada, dejando al alumno en el pasillo o con libertad para ir donde quiera.
  - Sermonearle interrumpiendo la clase.

- *Las guardias.* La labor preventiva y de presencia activa en espacios y momentos estratégicos que pueden realizar los profesores de guardia disminuye la probabilidad de que aparezcan problemas de conducta. Para que las guardias sean operativas, hay que tener en cuenta algunas consideraciones:

- Definir las funciones del profesor de guardia y hacer que sean conocidas por todos.
- Disponer un número suficiente de profesores de guardia en cada período horario.
- Insistir en que los profesores comuniquen anticipadamente sus ausencias previsibles, lo que permitirá a los equipos directivos planificar la atención a los alumnos sin profesor.
- Mantener una puntualidad exhaustiva que permita atender rápidamente las clases sin profesor.
- Reforzar las guardias en momentos estratégicos o de previsible conflictividad.
- Hacer un seguimiento regular del cumplimiento de las guardias, especialmente en las primeras semanas, para corregir desajustes.

IMPLICAR A LAS FAMILIAS

La falta de implicación de algunas familias en la educación de sus hijos y la consiguiente falta de colaboración con el profesorado agrava los problemas de conducta, mientras que la alianza padres-profesores hace su resolución mucho más efectiva, pues con esta alianza aumenta significativamente la capacidad de influencia de ambos (profesores y padres) para intentar cambiar el rumbo del alumno. Por lo tanto, el entendimiento y la sintonía entre ambos ha de ser un objetivo prioritario.

En la realidad familiar, desde el punto de vista de la implicación educativa, nos podemos encontrar tres *tipos de familias* principalmente:

- *Familias colaboradoras.* Son las que están en contacto frecuente con el centro. Suelen acudir a las reuniones habitualmente, piden citas al tutor y se preocupan por los estudios de sus hijos. Apoyan la labor del profesor y mantienen una actitud constructiva y de colaboración.
- *Familias ausentes.* No suelen acudir a reuniones ni acuden a entrevistarse con el tutor o los profesores de su hijo. Sólo acuden cuando son citados o aparece un problema concreto, y no siempre. Suelen argumentar falta de tiempo e imposibilidad de «estar encima» de sus hijos. Pueden llegar a colaborar puntualmente si hay problemas de gravedad.

- *Familias hostiles.* No aparecen por el centro salvo si es para protestar por algún motivo, o para dar la razón a su hijo en algún problema que se haya presentado. Mantienen una actitud negativa, abundante en críticas destructivas hacia el funcionamiento de la clase o del centro. A veces va acompañada de actitudes hacia los hijos o muy permisiva o muy autoritaria y agresiva.

Dado que la colaboración entre las familias y el centro es absolutamente necesaria para influir sobre el rumbo de los alumnos, hay que hacerla posible. Para ello, además de los contactos habituales con los padres colaboradores-presentes, un centro (o un tutor) ha de hacer un esfuerzo para implicar especialmente tanto a los ausentes como a los hostiles («hacer presentes a los ausentes y convertir en colaboradores a los hostiles»).

Algunas ideas-guía que pueden ayudar a conseguir este objetivo son:

- Asegurar un primer contacto con **todas** las familias.
- Disponer de teléfonos de contacto fiables.
- Celebrar reuniones grupales.
- Hacer un seguimiento cuantitativo y cualitativo de los contactos.
- Sugerir algunas recomendaciones.

Asegurar un primer contacto con *todas* las familias

El centro debe intentar asegurar por todos los medios posibles un primer contacto con **todas** las familias a principios de curso. Para conseguirlo se pueden emplear varias fórmulas:

- *Saluda del tutor.* Remisión de una carta-saludo del tutor a los padres a principio de curso, poniéndose a su disposición e indicando la hora semanal de atención a las familias, junto al teléfono del centro, a la vez que se solicita un teléfono de contacto para *casos de urgencia.* Se aprovecha la carta para anunciarles la celebración de la próxima reunión del tutor con los padres/madres del grupo, debiendo éste asegurarse de que los alumnos le devuelvan todos los saludas debidamente cumplimentados sin excepción. La citación a los padres debe incluir el horario de atención semanal a padres, el nombre del tutor, el número de teléfono del centro y la citación, dando dos opciones (ambas conducen al contacto):

  ☐ Sí asistiré a la reunión.

  ☐ No podré asistir a la reunión, pero me pondré en contacto con usted antes de la misma.

Si algunos alumnos no devuelven la citación, conviene adoptar alguna de las siguientes medidas:

- Volver a pedirla con firmeza.
- Contactar telefónicamente con los padres.
- Comunicar a Dirección la imposibilidad de comunicación con los padres, para que se contacte por otros medios (carta certificada, citación del alumno a Dirección, etc.).

- *Contacto telefónico.* El tutor debe contactar telefónicamente con los padres que no hayan dado «señales de vida» ni telefónica ni personalmente.
- *Entrevista personal* (en la hora semanal de atención a padres/madres).

En el primer contacto entre el tutor y la familia conviene tener en cuenta lo siguiente:

- El objetivo primordial del primer encuentro es *asegurar futuras vías de comunicación fiables* para el resto del curso.
- *Uso del plural.* A la hora de dirigirse a los padres conviene dejar patente que se persiguen los mismos objetivos que ellos y que las intervenciones conjuntas familia-profesores son más efectivas que las actuaciones por separado, para lo cual se deben cuidar las expresiones a utilizar, que deben formularse en plural («podríamos...», «si colaboramos...», «conviene que hagamos...», «vamos a...»).
- *Agradecer la presencia y la colaboración de la familia.* Especialmente si se trata de una familia hostil, pues el hecho de agradecer de entrada su presencia y resaltar que ésta responde a un interés por los estudios de su hijo suele rebajar la hostilidad y convertirla en colaboración.

Disponer de teléfonos de contacto fiables

El centro, y el tutor, dispone de varios números de teléfono fiables de la familia (de casa, del trabajo, móviles...), de entre los cuales se pide uno como *teléfono de urgencias.* Los teléfonos se pueden obtener a partir de los impresos de matrícula, de las fichas de los alumnos o a través del saluda del tutor o de la primera entrevista con los padres. Conviene verificar su fiabilidad en la primera reunión con los padres del grupo.

Celebrar reuniones grupales con madres/padres

Un primer contacto a *principios de curso* puede servir para informar sobre las normas básicas de funcionamiento del centro, vías de contacto durante el curso, frecuencia de envío de los comunicados de faltas y notas, y cuestiones académicas de interés: criterios de evaluación, contenidos, sistemas de recuperación, ordenación académica, etc.

Después de la primera evaluación es conveniente celebrar otra reunión para intercambiar información sobre: el rendimiento académico del alumno, las circunstancias personales que puedan estar afectando negativamente al rendimiento y la toma de decisiones conjuntas entre familia-profesores para mejorar el rendimiento o la conducta del alumno.

Hacer un seguimiento cuantitativo y cualitativo de los contactos con las familias

Puede ser muy útil para hacer una valoración trimestral y otra final al acabar el curso de algunas variables importantes, tales como:

- *Frecuencia de los contactos:* número de padres que no han contactado con el tutor ninguna vez en todo el curso, que han contactado sólo una vez, varias o muchas.
- *Tipo de contactos:* telefónicos, en hora de tutoría, mediante escritos.
- *Objetivo de los contactos:* hacer un seguimiento de los estudios de su hijo, formular quejas, intercambiar información, resolver problemas.
- *Análisis de la relación entre contactos y el rendimiento y la conducta de los alumnos:* valorar la posible incidencia de la presencia/ausencia de los padres en el rumbo académico y conductual del alumno.

Sugerir algunas recomendaciones

Es conveniente aprovechar la presencia de la familia para hacerles llegar algunas recomendaciones que pueden serles útiles en la educación de sus hijos, ayudándoles a tener un referente del que en algunos casos pueden carecer. Las recomendaciones, que deberán hacerse con toda prudencia y sin herir susceptibilidades, pueden referirse a:

- *Relaciones sociales.* Es conveniente hacer un seguimiento de las relaciones y amistades de los hijos.
- *Responsabilidades.* Se puede sugerir a los padres la conveniencia de encomendar a los hijos responsabilidades razonables.
- *Atención a los estudios.* Se recomienda prestar atención a los estudios de los hijos regularmente, conociendo sus intereses, preocupaciones y problemas.

- *Atención a los aspectos personales.* Conocer el estado emocional de los hijos y sus inquietudes, escucharlos, ofrecerles ayuda, estar disponibles para ellos.
- *Saber decir NO.* Evitar la permisividad y el acomodamiento, que derivan en falta de esfuerzo y de responsabilidad, entrenarlos en una cultura del esfuerzo.

DÓNDE PUEDO CONSEGUIR MÁS INFORMACIÓN

A continuación se incluye una relación de obras a las que se puede acudir para ampliar los contenidos aquí tratados. No se trata de un listado exhaustivo, sino más bien de una selección compuesta por obras de lectura accesible y enfoque práctico, que resulten útiles a los lectores interesados en temas de conflictividad escolar.

ACKERMAN, J. M. (1976): *Aplicación de las técnicas de condicionamiento operante en la escuela.* Santillana.

BURGUET, M. (1999): *El educador como gestor de conflictos.* Desclée De Brouwer.

BURÓN, J. (1995): *Motivación y aprendizaje.* Mensajero.

CASAMAYOR, G. (1988): *La disciplina a l'escola.* Graó.

CASAMAYOR, G. *et al.* (1998): *Cómo dar respuesta a los conflictos.* Graó.

CRESPO, M. (2002): *El estrés docente: estrategias para combatirlo.* Santillana.

CURWIN, R. L. y MENDLER, A. N. (1987): *La disciplina en clase.* Narcea.

DAVIS, G. A. (1989): *Escuelas eficaces y profesores eficientes.* La Muralla.

FERNÁNDEZ, I. (1998): *Prevención de la violencia y resolución de conflictos.* Narcea.

FONTANA, D. (1989): *La disciplina en el aula.* Santillana.

GORDON, T. (1979): M. E. T. *Maestros eficaz y técnicamente preparados.* Diana.

GOTZENS, C. (1997): *La disciplina escolar.* ICE de Barcelona-Horsori.

SANTOS GUERRA, M. A. (1994): *Entre bastidores: el lado oculto de la organización escolar.* Aljibe.

VALLÉS, A. (1988): *Modificación de la conducta problemática del alumno.* Marfil.

Este libro se acabó de imprimir
en octubre de 2003
por Santillana Educación, S. L.